W0398245

Trude Marzik · Geliebte Sommerfrische

Trude Marzik

Geliebte Sommerfrische

K&S

Bildnachweis:
Alle Photographien stammen aus dem Besitz der Autorin, mit Ausnahme der Bilder auf den Seiten 60, 62 und 72, die freundlicherweise von der Marktgemeinde Schönberg am Kamp zur Verfügung gestellt wurden.

© 1994 by Verlag Kremayr & Scheriau
Lektorat: Ilse Walter
Schutzumschlag: Kurt Rendl (unter Verwendung einer Photographie aus dem Besitz der Autorin)
Satz und Repro: Zehetner Ges. m. b. H., A-2105 Oberrohrbach
Druck und Bindung: Ebner Ulm
ISBN 3-218-00583-3

Photographien helfen der Erinnerung

Die Leidenschaft meines Vaters

Muttertag 1996

Rafael & Ilse

Mein Vater war ein begeisterter Amateurphotograph. Ich weiß nicht, welchen Apparat er benützt hat. Er hat ihn mir nicht vererbt, sondern nach dem Krieg im Resselpark an einen Russen verkauft, um für den Erlös ein paar Lebensmittel zu kaufen, als der Hunger am größten war. Es war dies das einzige Geschäft, das er auf dem schwarzen Markt tätigte, und es muß ihn eine große Überwindung gekostet haben, seine geliebte Kamera herzugeben. Seither hat er nicht mehr photographiert.

Ich erinnere mich nur an ein großes, unhandliches Ding, äußerst kompliziert einzustellen und für Schnappschüsse oder überraschende Momentaufnahmen nicht geeignet. Wir, die zu Photographierenden, waren schon recht ungeduldig, bis nach all dem Einstellen von Entfernung, Blende und Belichtungszeit, prüfendem Durchschauen und eventuellem Vorschalten eines Gelbfilters endlich das „Klick“ ertönte.

Meist verwendete er ein Stativ, damit seine unruhige Hand die Aufnahme nicht verwackelte.

Verwackelt wurde sie gelegentlich trotzdem, weil ich im richtigen Augenblick nicht stillhalten konnte. Es gibt da etliche schändliche Beweise meiner Disziplinlosigkeit in unserem Familienalbum . . .

Einen Selbstauslöser hatte er sich zugelegt, um selber auch mit drauf sein zu können, und offenbar auch ein Blitzlichtgerät. Wie gäbe es sonst die vielen Innenaufnahmen, auf denen ich meist die Augen geschlossen habe, weil ich mich vor Blitzen fürchtete, ganz gleich, ob es natürliche, durch Gewitter hervorgerufene, oder künstlich erzeugte waren. (Das hat sich leider bis heute nicht geändert.)

Ausgearbeitet hat er seine Bilder nie selber. Für eine Dunkelkammer wäre in unserer Zimmer-Küche-Kabinett-Wohnung kein Platz gewesen.

Landschaften scheinen ihn als Motiv wenig interessiert

zu haben, künstlerische Wolkenstimmungen oder Sonnenuntergänge hat er nicht photographiert, Reisen in fremde Länder fanden auch nicht statt.
Blieb nur die Familie, besser gesagt Ereignisse im Kreise der Familie: Weihnachten, Sonntagsausflüge, Sommerfrische.
Mein Vater war ein sehr gewissenhafter, genauer Mensch. Das hing wahrscheinlich mit seinem Beruf zusammen.
Ich wußte zwar, wie so viele Kinder, nicht, was mein Vater beruflich eigentlich machte, und zu meiner Schande muß ich gestehen: ich weiß es bis heute nicht. Damals hat es mich nicht interessiert, und jetzt ist es zu spät. Es gibt niemanden mehr, den ich danach fragen könnte.
Er hatte die Handelsschule besucht, mit ausgezeichnetem Erfolg, wie mir seine Zeugnisse verraten; sogar Kalligraphie wurde damals unterrichtet, und die Handschrift meines Vaters bereitet mir heute noch großes ästhetisches Vergnügen.
„Kaufmännischer Angestellter" gab er als Beruf an, saß in einem Büro, wo ich als Kind ihn manchmal besuchen und von seinem Vorgesetzten ein silbernes Geldstück kassieren durfte.
Er hat vermutlich mit Rechnungswesen zu tun gehabt, denn er trug im Büro immer einen Rechenschieber in der oberen Sakkotasche. Zwei davon hat er mir vererbt, nur kann ich nicht damit umgehen.
Weil er ein genauer Mensch war, hat er sämtliche Photos auf der Rückseite sorgfältig mit seiner klaren, ausgeglichenen Schrift genau datiert, so daß meine Kinderjahre recht gut dokumentiert sind und dem oft recht ungenauen Gedächtnis korrigierend beigestanden wird.
Anhand dieser Bilder kann ich mich an vieles erinnern, an das ich mich sonst nicht erinnern könnte.
Mit Eifer und Hingabe dürfte mein Vater erst zu photographieren begonnen haben, als ich auf die Welt kam.

Mein Heranwachsen hat er in unzähligen Aufnahmen festgehalten.
Das erste Photo zeigt mich, schlafend und pausbäckig den Kinderwagen füllend, im Alter von acht Monaten, wobei die dazugehörige junge Mutter, auf einem Bankerl auf der Alszeile sitzend, meinen Schlaf bewacht.
Ich vermute, daß er dieses Photo mit einer geliehenen Kamera gemacht hat, probeweise, und sich erst später eine eigene zugelegt hat.
Es gibt auch ein paar Bilder von mir, der Einjährigen, die, wie er ehrlich auf der Rückseite angibt, von Beck und Staudigl, also von seinen Bürokollegen, aufgenommen wurden.
Endlich die stolze Beschriftung: „14. Juni 1925, meine 1. Aufnahme", „14. Juni 1925, meine 2. Aufnahme".
Von da an hat er sie nicht mehr gezählt.
Die erste Aufnahme, 14. Juni 1925, zeigt, wie könnte es anders sein, mich, zweijährig, krummbeinig, im weißen Kleidchen, mit Blumenkränzchen im Haar und Blumenkörbchen in der Hand, hergerichtet zum Blumenstreuen beim Umgang zu Fronleichnam.
In Gablitz.

Die erste Sommerfrische – Gablitz

Das Kind soll es besser haben · Sommerfrische beim Bauern · Gute Luft und erste Schritte · Blumenstreuen beim Umgang · Gartenmusik · Die Schaukel

Meine erste Sommerfrische verbrachte ich in Gablitz. *Meine* erste deshalb, weil ich erst ein Jahr alt war. Aber ich vermute, es war auch für meine Familie die erste, die allererste.
Meine Eltern hatten nach dem Krieg, dem Ersten Weltkrieg, geheiratet. Die Zeiten waren elend schlecht, eine unvorstellbare Inflation machte das Leben zur Qual, die erst 1924 mit der Einführung der neuen Schillingwährung zu Ende ging. (Ich bin noch in der Kronenzeit geboren, mitten in der Geldentwertung.)
Abgesehen von der großen Not: wer fuhr damals schon auf Sommerfrische?
Gewiß, die Aristokraten hatten ihre Schlösser am Land, das Großbürgertum tat es ihnen nach und baute sich Villen am Semmering oder im Salzkammergut oder in Reichenau. Dorthin fuhr man im Sommer mit Kind und Kegel und reichlich Personal, um in der Sommerfrische das gewohnte gesellschaftliche Leben fortzusetzen.
Da meine Familie weder zur Aristokratie noch zum Geldadel gehörte, war ihr das Wort „Sommerfrische" lange Zeit ein Fremdwort, ein Begriff für etwas Unerreichbares. Auch Urlaub und Urlaubsreisen, mit denen heute ein solcher Kult getrieben wird, kamen bei den kleinen Leuten erst langsam und zögernd in Mode.
Ich glaube kaum, daß meine Großväter jemals Urlaub gemacht haben.
Der eine war Zimmermaler, stammte aus Ungarn, hatte sich in Wien als Meister selbständig gemacht und war bemüht, mit seiner Familie das Bürgerrecht zu bekommen. Der hatte andere Sorgen, als auf Urlaub zu gehen. Mag sein, daß seine Frau oder er gelegentlich nach Ungarn fuhren, von wo er hergekommen war, um Nachschau zu halten. Es gab da ein Haus, das ihnen noch gehörte und das vermutlich vermietet war.

Nach seinem plötzlichen Tod – er fiel während der Arbeit von der Leiter, wurde mir erzählt – scheint die Großmutter das Haus verkauft zu haben.
Damit haben sich die Ungarnreisen aufgehört.
Wenn die Großmutter einmal weggefahren ist, dann höchstens in die Wachau. Dort stammte sie her, dort hatte sie noch Verwandte; die „Lurl-Tant“ geistert durch meine ganz frühen Erinnerungen, und die Loidolt, die Stierschneider.
In der mütterlichen Familie war Urlaub sicher erst recht unbekannt. Der Großvater, Bäckermeister und eine Zeitlang sogar Betreiber eines Geschäfts, konnte sich und seine Kinderschar nur notdürftig ernähren, und als er erblindete, nicht einmal mehr das.
Auch Besuche der Heimatorte – er stammte aus Franken, seine Frau aus Mähren – scheinen nicht stattgefunden zu haben. Woher sollte denn auch das Geld für die Bahnfahrt kommen?
Ich glaube kaum, daß man das Fortfahren, das Urlaubmachen in diesen kleinstbürgerlichen Kreisen vermißte.
Am Sonntag, den man sicher heilig hielt und frei von Arbeit, ging man vormittags in die Kirche, und am Nachmittag machte der Großvater, der etwas besser situierte Malermeister, einen Spaziergang auf der Hernalser Hauptstraße, stadtauswärts. Dort gab es auf der Höhe der Vorortelinie, also knappe zehn Gehminuten von der Wohnung entfernt, ein Gasthaus. In dem soll er gern eingekehrt sein, wurde erzählt.
Das war dann Sonntagsvergnügen, Freizeitgestaltung und Urlaub gleichzeitig. Aber auch nur für den Familienvater, der es sich leisten konnte.
Dank der sozialen Errungenschaften waren meine Mutter und mein Vater, die beide als Büroangestellte arbeiteten, als sie einander kennenlernten, berechtigt, einmal im

Jahr Urlaub zu nehmen. Zu einer Reise war nicht genug Geld da: Er mußte seine verwitwete Mutter, sie ihre Geschwister unterstützen.
Als ich auf die Welt kam, wurde alles anders. Man beschloß, das Kind solle es besser haben.
Das hieß unter anderem auch: Sommerfrische. Weg von der Großstadt, gute Luft, Land. Die „besseren" Leute taten das seit eh und je, die wußten, was der Gesundheit zuträglich war.
Meinen Vater packte der Ehrgeiz: Einen Urlaub auf dem Land würde er seiner Familie doch auch ermöglichen können!
Seine Familie, das war die Frau, die, seit das Kind auf der Welt war, ihre Büroarbeit aufgegeben hatte und nur mehr Gattin und Mutter war, wie sich das gehörte, ich, das Kind, und außerdem seine Mutter, die im selben Haushalt mit uns lebte und von ihm erhalten wurde. Keine leichte Aufgabe für einen jungen Vater mit bescheidenem Gehalt.
Es war aber nicht nur der Ehrgeiz, der ihn trieb.
Sicher war die ganze Familie besonders ängstlich, was meine Gesundheit und mein Wohlergehen betraf. War doch ein Jahr vor mir ihr kleines Mädchen, ein paar Wochen alt erst, verstorben.
Nun waren alle fest entschlossen, mich besonders zu behüten und mir nur das Beste angedeihen zu lassen, koste es, was es wolle.
Das Beste schien eben vorderhand die Sommerfrische.
Weg von der Großstadtluft, die damals in Hernals noch nicht gar so schlecht gewesen sein dürfte.
In die Sommerfrische fahren.
Wie die feinen Leute.
Oder beinahe so.

Der Urlaubsort mußte in der Nähe von Wien sein.
Eine weite Reise mit einem Kind in Windeln, das noch nicht laufen konnte, wäre nicht ratsam gewesen.
Außerdem war geplant, daß der Aufenthalt etliche Wochen dauern sollte. Die Sommerwohnung durfte also nicht viel kosten, aber trotzdem der ganzen Familie die Möglichkeit bieten, zu wohnen, außerdem zu kochen und zu waschen, mit einem Wort, einen Haushalt zu führen, wie man das in der Stadt gewöhnt war.
Der Vater würde seinen Urlaub bei uns verbringen, aber sonst täglich in der Früh in die Stadt fahren und abends wieder herauskommen.
Warum Gablitz als Urlaubsort erkoren wurde?
Der Vater hatte einen Bürokollegen, den Herrn Beck, der in Gablitz ein Häuschen besaß, außerdem eine hübsche Frau und einen Knaben, den Fritzl, wenig älter als ich.
Herr Beck, Oswald mit Vornamen, spielte Gitarre und war ein wertvolles Mitglied des Schrammelquartetts meines Vaters. Er kannte sich natürlich in der Gegend gut aus und hat wahrscheinlich einen Bauern ausfindig gemacht, der uns ein Quartier vermietete, das allen unseren Anforderungen entsprach.
Wo das war, kann ich nicht mehr herausfinden. So weit zurück reicht mein Erinnerungsvermögen nicht, auch die Photos geben wenig Auskunft, und Zeitzeugen sind keine mehr am Leben.
Wann immer ich in Gablitz bin, und das ist gar nicht so selten, versuche ich darüber nachzudenken, ob nicht ein winziger Erinnerungsblitz das Dunkel erhellt. Vergebens. Es blitzt nicht.
Dabei gibt es so schöne Ortsbezeichnungen: Hauersteig, Hochbuch oder gar Himmelreich – da hätte ich gern gewohnt.
Wie sind wir hingekommen? Mit der Bahn? Mit dem

Autobus? Oder hat uns gar – vermessener Gedanke – jemand mit einem Auto hinausgeführt? Mit all dem Gepäck, das man für monatelange Haushaltführung samt Kleinkindbetreuung auf dem Land braucht?
Sicherlich haben wir nicht weit vom Ortskern entfernt gewohnt, sonst hätte der Vater die tägliche Pendlertour nicht bewältigen können: zu Fuß bis zur Autobushaltestelle auf der Hauptstraße (seit 1900 verkehrte nämlich ein Autobus zwischen Gablitz und Purkersdorf, die erste Autobuslinie Österreichs, wie eine Gedenktafel meldet), dann mit der Bahn nach Wien, und am Abend nach Büroschluß die ganze Tour in umgekehrter Richtung.
Die Kirche liegt auf einer kleinen Anhöhe, dahinter gibt es Wiesen und etliche Anwesen – nehmen wir an, dort haben wir gewohnt.
Es ist ferner anzunehmen, daß ich, als wir auf Sommerfrische fuhren, noch nicht gehen konnte und daß ich meinen ersten Geburtstag in Gablitz feiern durfte.
Ein Photo, zwei Tage danach, am 8. Juni, welcher der Pfingstsonntag war, wie mein Vater auf der Rückseite vermerkte, aufgenommen von einem Ing. Staudigl, zeigt Vater, Mutter, Kind im Grünen, vor einem baufälligen, aber malerischen Salettl stehend, wobei ich winzig und des Gehens sicher noch nicht mächtig, aber ernst und aufrecht auf Vaters Arm ruhe. Die Mutter, im hellen Sommerkleid mit tiefgerutschter Taille (damals hochmodern) und Spangenschuhen aus hellem Leinen (mittels Knöpfelzieher zu schließen), steht lächelnd daneben.
Ich war emsig bemüht, in jenen Tagen das Gehen zu erlernen. Eine merkwürdige Kombination von Tisch und Sessel war da sehr hilfreich. Ich konnte darin sitzen, war durch die Tischfläche eingesperrt und sichergestellt. Auf dem Tisch fand der Teddybär Platz, an der Seitenleiste

waren bunte Kugeln angebracht, falls das frühreife Kind sich im Rechnen üben wollte. Dank der Räder auf der Unterseite konnte das Gerät aber auch geschoben werden und als Gehschule dienen. Vermutlich wurde es uns von irgend jemandem zur Verfügung gestellt, dessen Kind diesem Möbel schon entwachsen war, vielleicht sogar

Gablitz 1924: Das Glück der ersten Schritte

von den Bauersleuten, bei denen wir wohnten. Ein Photo zeigt mich, aufrecht stehend auf recht krummen Beinen, das Gerät glücklich schiebend und das Erfolgserlebnis deutlich sichtbar im strahlenden Gesicht.

Sehr gut dürfte ich doch nicht zu Fuß gewesen sein in jenem Sommer. Meine Mutter packte mich vor größeren Spaziergängen in ein Leiterwagerl, vorsorglich mit Polster und Decken versehen, daß ich es auch schön weich hätte, und dann zog sie mich durch die Gegend. Gegen

die Sonne bekam ich einen weißen Leinenhut mit rundherum aufgebogener Krempe aufgesetzt.
Das Gezogenwerden war angenehm.
In Wien, im Winter, wurde ich von der Mutter im Schlit-

Gablitz 1924: Fahren im komfortabel gepolsterten Leiterwagen

ten gezogen, auf der Alszeile. Der Schlitten hatte eine Lehne, wurde auch warm ausgepolstert, und an dieses köstliche Gefühl der mühelosen Fortbewegung kann ich mich noch genau erinnern.

Im Jahr darauf, da war ich zwei, fuhren wir wieder nach Gablitz. Ins selbe Quartier, das etwas heruntergekommene Bauernhaus, von dem der Verputz abblätterte, mit Wiesen, Bäumen, dem fast verfallenen Salettl und windschiefen Holzzaun.
Viel hat sich verändert seit dem Vorjahr. Ich bin schon gut zu Fuß, stehe auf festen, beinahe geraden Beinen, in weißen Sockerln, Sandalen, weißem Kleid auf der Wiese,

ein von der Mutter geflochtenes Kränzchen aus Gänseblümchen im Haar. In der Hand halte ich ein Körberl, das mit Blumen gefüllt ist. Wir schreiben den 14. Juni 1925. Ich möchte wetten, daß das der Fronleichnamstag war.

Gablitz 1925: Vor dem Umgang (erste Aufnahme des Vaters mit eigenem Apparat)

Schnell ein Photo, solange die Blumen noch im Körbchen sind, dann würde man mich zum Umgang führen in meiner ganzen Pracht, zum Blumenstreuen für das liebe Jesuskind.
Vor dem Urlaub hatte sich der Vater einen eigenen Photoapparat zugelegt, um nicht mehr auf die diversen Becks und Staudigls angewiesen zu sein.
Ich, mit Blumenkörbchen, war das Objekt seiner ersten

Aufnahme, wie er stolz auf der Rückseite des Bildes vermerkte.
Und die zweite?
Auch sie wurde registriert als „2. Aufnahme“ und entstand am selben Tag, aber offenbar nach dem Umgang,

Gablitz 1925: Drei Generationen auf Sommerfrische (zweite Aufnahme des Vaters)

ein Gruppenbild diesmal, hübsch in Dreiecksform arrangiert, wie sie schon der selige Raffael schätzte. Ich sitze in einem Kinderkorbsessel, bereits ohne Kopfschmuck, aber noch im weißen Kleid. Neben mir hockt die Mutter auf einem Schemel, blickt mürrisch und mißtrauisch in die Kamera, als ob sie ihrem Mann das Photographieren nicht zutrauen würde. Dahinter steht die Großmutter, dunkles Kleid, weißer Spitzenkragen (praktisch, weil abnehmbar und waschbar), sie lächelt zufrieden. Beide Damen tragen die damals hochgeschätzten, hauchzarten Haarnetze. Wäre nicht das Gummischnürl mitten über der Stirn, würde man das Netz gar nicht bemerken.
Die Mutter hat jetzt einen Bubikopf; der schöne Zopf ist der Mode geopfert worden und ruht in den Tiefen des Wäschekastens. Sie ist zur Feier des Tages frisch onduliert, da muß halt das Netz sein, sonst weht der Wind die schöne Frisur durcheinander.

Der Vater bringt durch sein Kommen und Gehen Abwechslung in den Alltag auf dem Lande. Auch Onkel und Tante kommen auf Besuch, meine liebsten Verwandten von klein auf und daher von mir mit Jubel begrüßt.
Sie haben keine Kinder, können aber mit Kindern gut umgehen, und ich bin ihr Ersatzkind. Von ihnen wird noch oft die Rede sein, denn sie sind ein wesentlicher Bestandteil unserer Familie. Mit ihnen ist es immer lustig, die beiden bringen Schwung in die Gesellschaft.
Es gibt ein fröhliches Erinnerungsphoto an einen dieser Besuche: der Pepi-Onkel entspannt lächelnd im Liegestuhl hingestreckt, dem rot-weiß gestreiften, er hat kurze Hosen an, und die Tante Reisser kniet neben mir und leitet mich dazu an, seine nackten Beine zu kitzeln.
Sie hätte eigentlich analog zum Pepi-Onkel „Mizzi-Tan-

te“ heißen sollen, sie hieß nämlich Maria. Aber eine Mizzi-Tante gab es schon auf der väterlichen Verwandtschaftsseite, daher „Tante Reisser“, damit keine Verwechslungen vorkamen. (Merkwürdig allerdings, daß auch die andere nicht „Mizzi-Tante“, sondern „Tante Ortner“ genannt wurde.)

Mein Vater, ein guter Geigenspieler, hatte eine besondere Schwäche für Schrammelmusik, er fand immer wieder Partner, die Knöpferlharmonika, Geige und Kontragitarre spielen konnten, und dann gab es bei uns zu Hause regelmäßig Hausmusik und auf dem Land, in Gablitz, auf der Wiese Gartenmusik. Nicht vor Publikum, sondern nur zur Freude der Musizierenden. Ein paar Leute werden schon zugehört haben. Wahrscheinlich auch ich.

Eine Tages brachte der Vater eine Schaukel mit aufs Land. Er kam zeitlebens ungern mit leeren Händen, wohin auch immer. Und schon gar nicht, wenn er aus der Stadt anreiste.

Auch später nicht, als wir im Kamptal waren und ich schon ein großes Mädchen, davon wird noch manches zu erzählen sein. Die Schaukel war aus massivem Holz und hatte rundherum ein gedrechseltes Gestänge, in dem man wie in einem Käfig saß, was ein Herausfallen unmöglich machte. Ein wunderbares Geschenk.

Sie wurde im Garten zwischen zwei Bäumen befestigt, vor den Fenstern unserer Wohnung, damit die Mutter von Zeit zu Zeit ein Auge auf mich werfen konnte. Darauf hutschte ich glückselig stundenlang hin und her.

Als wir in die Stadt zurückkehrten, kam die Schaukel mit und wurde zwischen Küche und Kabinett im Türstock montiert. Das besorgte der Pepi-Onkel, denn mein Vater hatte keine Begabung fürs Handwerkliche. Das sanfte Schaukeln war meine Lieblingsbeschäftigung, man konnte dabei wunderbar vor sich hin träumen.

Es gab auch schon ein paar Ringe dazu, ebenfalls aus schönem glatten Holz. Mit denen turnte ich gelegentlich, als ich schon älter war, machte Überschlag, „Kerze" und „Nest" und zwickte mir regelmäßig die Schenkel ein, wenn ich in den Ringen zu sitzen versuchte.
Die Schaukel wurde, als ich ihr entwachsen war, an ein Kind im dritten Stock unseres Wohnhauses weitergegeben und soll noch lange und glücklich gelebt haben.

Gablitz 1925: Die Schaukel – ein wunderbares Geschenk

Im Grünhof in Maissau

Straße auf den Manhartsberg · Sommerfrischler und Hausherrenleute · Kletterfelsen und Teich · Das Kind lernt schwimmen · Wochenendväter · Haushaltführung · Gräfliches Gemüse · Gasthof Stöckelmeier · Krebse und Schmetterlinge · Schwammerln, Beeren und Zecken · Köstliche Spiele mit Onkel und Tante

Warum wir Gablitz untreu wurden und im Jahre 1926, da war ich drei, nach Maissau auf Sommerfrische fuhren, weiß ich nicht.
Wahrscheinlich hat es uns jemand aus dem Bekanntenkreis des Vaters, ein Bürokollege, denn andere Bekannte hatte er kaum, empfohlen.
Der Tip war gut, und Maissau erfüllte alle Anforderungen so sehr, daß wir fünf Jahre lang hinfuhren.
Wiederum wohnten wir nicht direkt im Ort, sondern etwas außerhalb, in der Einschicht, im „Grünhof". Zu diesem Grünhof kam man auf einem versteckten kleinen Weg, der von der großen Fahrstraße abzweigte, die bergauf über den Manhartsberg nach Horn führte, gleich unterhalb einer gewaltigen S-Kurve.
Der Autoverkehr war damals noch minimal, trotzdem kam es in dieser Kurve zu etlichen Unfällen. Die Verletzten brachte man dann zu uns in den Grünhof, damit ihnen dort Erste Hilfe geleistet würde. Damals gab es sonst noch keine Häuser an diesem Straßenstück. Außerdem hatte die Familie, die so wie wir Jahr für Jahr dort Urlaub machte, indirekt mit der Medizin zu tun: Sie besaß ein Geschäft für medizinische Geräte, daher war ihr medizinische Hilfeleistung gewissermaßen zuzutrauen.
An einen Unfall kann ich mich noch dunkel erinnern. Die Opfer, ein elegantes Paar, das zu rasant unterwegs gewesen war und die bewußte Kurve nicht bewältigt hatte, wurden bei uns im Haus verarztet. Der Zuckerlfabrikant Heller sei es, mit Begleitung, dem Geflüster nach zu schließen nicht mit der angetrauten. Das beschäftigte hauptsächlich die Damen. Mich interessierte der Zuckerlfabrikant mehr, denn Heller-Zuckerln waren mir damals schon ein Begriff, vor allem die „Wiener Zuckerln", die länglichen, die auf dem Einwickelpapier Bilder verschiedener Obstsorten hatten und die ich eigentlich

nicht besonders mochte, weil sie an den Backenzähnen kleben blieben und Zahnweh verursachten.
Der Grünhof lag unterhalb des Straßenniveaus in einer Senke, mitten im Grünen, er trug seinen Namen mit Recht. Das Haus muß geräumig genug gewesen sein, um mehrere Familien zu beherbergen. Da waren neben meiner Familie (nebst Großmutter, versteht sich) die Familie Reiner, er klein, rund und zuckerkrank, sie groß, schlank, mit leicht bläulichen Lippen und bei der kleinsten Aufregung einem Herzanfall nahe.
Sie hatten vier Kinder: den großen Carl, stark kurzsichtig mit dicker Brille, der sich nicht mehr für Kinderspiele, sondern für Kunstgewerbe interessierte; er modellierte damals schon aus Ton einen hervorragenden Bacchus und machte das Modellieren auch später zu seinem Beruf; die hübsche Annemarie, älter als ich und von mir angehimmelt, und dann den behäbigen Kurt, der meist die Komikerrolle übernahm. Seine Spezialität war, beim Sprung in den Teich einen Bauchfleck zu machen, was dank seiner Fülle besonders schön klatschte und die Zuschauer begeisterte. Der Erstgeborene, Heinz hieß er, war schon im elterlichen Geschäft tätig und tauchte nur selten auf.
Dann gab es noch etliche Verwandte der Reiner-Familie, mit und ohne Kinder, die aber nicht im Grünhof wohnten, sondern unten im Ort und die zu uns nur auf Besuch kamen. Wie auch die Tante Reisser samt Pepi-Onkel, die uns ja überallhin auf ein paar Tage nachkamen. Wenn sie nicht gerade damit beschäftigt waren, ihren Grund in Perchtoldsdorf (die Tante sagte „Peterschdorf") urbar zu machen, einen Brunnen zu schlagen und ein Häuschen zu bauen. Ferner war die Juli-Tante mit ihrem Sohn, meinem Cousin Hansi, in Maissau auf Urlaub.
Die Großfamilien, wenn ich mir das so überlege, hielten

fest und innig zusammen. Man besuchte einander häufig, auch in Wien, machte gemeinsame Sonntagsausflüge, verbrachte den Urlaub miteinander und war nicht nur verwandt, sondern einander auch in echter Freundschaft verbunden.

Es gab immer eine Menge Urlaubsgäste, ein ständiges Kommen und Gehen. Langweilig war es nicht in unserer Sommerfrische, auch wenn sie, solange ich noch nicht in die Schule ging, drei oder gar vier Monate dauerte.

Der Grünhof gehörte einem Ehepaar Steinberger, älteren Leuten, kinderlos, wenn ich mich recht erinnere. Er war im Obsthandel tätig, und ich weiß noch, daß ich ihm gern beim Kirschenpflücken zugeschaut habe, weil dabei oft besonders schöne für mich abfielen, die man sich an die Ohren hängen konnte.

Seine Frau besorgte den Haushalt, fütterte die Hühner, vielleicht sogar ein Schwein, und kümmerte sich um die Sommergäste.

Aufräumen tat ohnehin jeder selber und kochen natürlich auch. Eine Sommerwohnung hatte eine Küche mit Herd zu haben, das war Bedingung.

Frau Steinberger war sehr freundlich zu mir. Einmal, so wird erzählt, hat sie mir ein Hühnerhaxerl, ein gebackenes, als Kostprobe verehrt. So was kannte ich nicht, Backhendeln waren bei uns zu Hause noch nie auf den Tisch gekommen, das war eher etwas für reiche Leute, und so rannte ich, laut schreiend vor Entsetzen, hauptsächlich wegen der gelben Haut unter der Panier, zur Mutter, das Hühnerbein weit von mir gestreckt, und war nicht zu bewegen, es zu essen.

Die Hühner liefen im Hof vor dem Haus herum und pickten emsig. Manchmal durfte ich unter Anleitung der Großmutter beim Füttern mithelfen. Vielleicht verweigerte ich den Verzehr des gebackenen Leckerbissens auch deshalb, weil es mir zu kannibalisch vorkam, gute Bekannte, denen man täglich freundlich begegnete, plötzlich einfach aufzufressen.

Maissau 1927: Beim Hendelfüttern

Es gab viel Buschwerk und Gesträuch um den Weg herum, der von oben, von der Straße, herunterführte, auch einen hölzernen Brunnen samt Trog aus einem ausgehöhlten Baumstamm.
Im Hof selbst erhob sich ein Felsen, großmächtig, so kam mir jedenfalls vor, weil ich selber noch so klein war. Auf

Maissau 1930: In der Lederhose klettert sich's gut

dem konnte man klettern, weit hinauf, bis zur Höhe des Straßenniveaus. Oben gab es einen Erdäpfelacker, und dann fing schon der Wald an.
Das Klettern wird meiner Mutter sicher am Anfang viel Herzklopfen bereitet haben, sie war ja immer in Angst um mich. Ein kleines Kind hätte dort wirklich leicht abstürzen können. Nichts dergleichen geschah; ich wurde von Jahr zu Jahr kühner, aber auch geübter, und sie gewöhnte sich daran und übte sich im Vertrauen auf meinen Schutzengel.

Besonders gut ging es mit dem Klettern, wenn man eine Lederhose tragen durfte. Dieses Glück ist mir, selten, aber doch, zuteil geworden, wenn der Hansi oder ein anderer Knabe passender Größe dazu überredet werden konnte, das gute Stück herzuleihen.
Der Grünhof besaß auch, und das war natürlich ein Vorteil gegenüber Gablitz, einen Teich, nur ein paar Schritte vom Wohnhaus entfernt. Der Teich war groß genug, um mit einem Kahn – „Schinakel" sagte der Vater – darauf herumfahren zu können. Es gab nur ein Ruder, und er tauchte es einmal rechts, einmal links ein und steuerte uns geschickt über das Wasser, während ich kommod auf dem Boden des Kahns zu seinen Füßen lagerte und wieder, so wie beim Fahren im Leiterwagen oder im Schlitten, die mühelose Fortbewegung genoß.
Gelegentlich mußte mit einem Häferl ausgeschöpft werden, sonst wurde mein Hosenboden naß.
Mit dem Kahnfahren kannte sich der Vater aus, er war ja als Kind oft in Weißenkirchen an der Donau gewesen, wo seine Mutter herstammte. Rudern konnte er. Nur mit dem Schwimmen haperte es. Deshalb schaute er drauf, daß man es wenigstens mir möglichst bald beibrachte. In Gablitz hatte ich das Gehen gelernt. Jetzt war das Schwimmen dran.
Der Pepi-Onkel trat in Aktion.
Er war der Sportler der Familie, der größte und einzige sozusagen. Schon in seinen jungen Jahren ein begeisterter Fußballspieler, als Hernalser natürlich leidenschaftlicher „Sportclub"-Anhänger, betätigte er sich später als Schiedsrichter und kannte sich auch in den leichtathletischen Disziplinen gut aus. Kaum war das Skilaufen als Sport aufgekommen, wurde er ein tollkühner Skiläufer, fuhr mit einem einzigen Stock, wie das in den Anfängen üblich war, und legte Telemark und Christiania hin, daß

der Schnee nur so staubte. Daß er radfahren und eislaufen konnte, versteht sich wohl von selbst.
Und alles das hat er mir beigebracht. Bis auf Fußball, das war für Mädchen damals nicht üblich.
Vorderhand war Schwimmenlernen angesagt.
Der Teich war an der Seite nicht sehr tief, da konnte der Onkel stehen, und das Wasser ging ihm höchstens bis zum Bauch. Ich machte hastig die schon vorher im Trockenen gelernten Tempi, er hielt mir das Kinn in die Höhe, damit ich nicht Wasser schlucken mußte und das Gefühl des Noch-Gehaltenwerdens hatte. Hinterlistig ließ er allmählich auch mein Kinn los, und ein, zwei Tempi gelangen. Dann wurde der Carli, der fast erwachsene, zur Assistenz geholt. Der stieg auch ins Wasser, und ich schwamm zwischen den beiden hin und her, mit hoch erhobenem Kopf und fest zusammengepreßten Lippen. Zuerst standen sie ganz nahe beisammen, und ich mußte nur eine kleine Strecke vom einen zum andern zurücklegen. Dann rückten sie heimlich immer weiter auseinander – Triumph! Es war gelungen! Ich konnte frei schwimmen!
Die neu erworbenen Künste mußten natürlich sofort den Eltern und der Tante vorgeführt werden. Der Pepi-Onkel strahlte noch mehr als ich, schließlich waren sie ja seinem pädagogischen Talent zu verdanken, und er mußte unbedingt auch bewundert und gelobt werden.

So nahe wie Gablitz war Maissau nicht: Ein tägliches Hin- und Herfahren kam nicht in Frage.
Der Vater begann sein sommerliches Strohwitwerdasein, das er viele Jahre fortsetzen sollte. Er besuchte die Familie, wie die andern Väter auch, nur zum Wochenende. Die Urlaubswochen verbrachte er natürlich auch bei uns, mehr als zwei werden es wohl nicht gewesen sein.

Die Bahnstation war weit weg, die Männer mußten mit einem klapprigen Autobus, vielleicht war es gar noch ein Pferdewagen, von und zur Bahn fahren, ein umständliches Unternehmen.
Die Frauen waren immer unruhig, wenn sie ihre Männer unterwegs wußten. Besonders bei Gewitter regte sich die herzleidende Mama Reiner auf. Da setzten sich die Damen zusammen, nahmen die Kinder auf den Schoß, knipsten das elektrische Licht aus, zündeten eine Kerze an und beteten, daß die gefahrvolle Reise der Herren ein glückliches Ende nehmen möge. Es war ein bißchen unheimlich, aber es half.
Ich freute mich immer sehr auf das Wochenende, denn der Vater kam nie mit leeren Händen, etwas zum Naschen oder Obst oder etwas zum Spielen brachte er jedesmal mit. Ein Schmetterlingsnetz, kleine bunte Reifen zum Werfen, ein Diabolo und, da war ich schon im reifen Alter von fünf Jahren, einen Trittroller. Den liebte ich besonders und fuhr auch in Wien damit, auf der Alszeile oder bei der Tante im Garten. Er war aus hellem Holz, mit kleinen Rädern, die innen rot waren und außen einen dünnen Gummiwulst hatten. Über dem Hinterrad war ein Metallstück angebracht, wenn man da draufstieg, bremste das die Fahrt. Bremste man zu heftig, riß man auf den holprigen, sandigen Wegen leicht einen Stern.
Ich muß damals häufig hingefallen sein. Ich erinnere mich ungern an dauernd aufgeschlagene, blutende Knie, an weiße Mullverbände, die eines Tages einmal abgenommen werden mußten, wovor ich mich entsetzlich fürchtete, weil der Verband an den Krusten klebte und das Abnehmen grauslich und schmerzhaft war.
Den Roller habe ich trotzdem sehr gemocht. Lieber hätte ich allerdings ein Dreirad gehabt. Aber das war einer

meiner großen geheimen Wünsche, die ich nie äußerte und daher auch nie erfüllt bekam.

In der Sommerfrische kochten die Mütter selbst. Ein Landaufenthalt kostete Geld, daher mußte beim Essen gespart werden. Wenn die Männer nicht da waren, ging es recht einfach zu, aus ökonomischen Gründen, aber auch, weil die Mütter es sich im Urlaub ein wenig leichter machen wollten. Erst zum Wochenende, wenn die Erhalter kamen, gab es zur Feier des Tages etwas Besseres.
Die Haushaltführung auf dem Land war ja in mancher Beziehung schwieriger als in der Großstadt: keine Wasserleitung, kein Gas, kein WC, kein Geschäft zum Einkaufen in der Nähe.
Milch und Eier gab es wohl bei der Hausfrau zu kaufen, auch ein wenig Gemüse aus ihrem Garten. Alles andere mußten die Männer aus Wien mitbringen, oder man wanderte nach Maissau hinunter zum Einkaufen.
Maissau besaß ein prächtiges Schloß, das noch bewohnt war – Besitz der Familie Abensperg-Traun. Zum Schloß gehörte eine große Gärtnerei, die ihre Produkte auch an Normalsterbliche verkaufte. Dorthin gingen wir manchmal, um gräfliches Gemüse einzukaufen. Da konnte es sein, daß uns die Frau Gräfin begegnete, groß, schlank, elegant, wie es sich für eine hohe Frau gehört.
„Schön grüßen die Frau Gräfin!“ flüsterte mir die Mutter zu, und die Dame reichte mir huldvoll die Hand. Schließlich waren wir ja Kundschaft bei ihr.
Gelegentlich, wenn Besuch gekommen war, den zu verköstigen unsere Möglichkeiten überstieg, wurde im Gasthof Stöckelmeier im Ort unten gegessen, einem massiven, vierkantigen Gebäude, das noch immer fast unverändert existiert.

Die Juli-Tante wohnte mit ihrem Buben auch dort, die konnten sich einen solchen Luxus leisten, weil der Rudi-Onkel damals als Taxichauffeur mit eigenem Wagen gut verdiente.
Es war ein richtiger Einkehrgasthof, ursprünglich nicht von Sommergästen, sondern von Fuhrleuten besucht, die sich und den Pferden eine Stärkung vor dem anstrengenden Weg über den Manhartsberg gönnten.

Maissau 1928: Wasser schleppen und Schmetterlinge fangen

Den Namen habe ich mir deshalb gemerkt, weil mein Cousin, der Hansi, der damals ein bißchen hölzelte, dauernd Sonderwünsche hatte und sie dem Wirt lautstark vortrug, was wegen der Zischlaute recht komisch klang. Die Tante Reisser hat noch lang und oft „Herr Ssschtökkelmeier, ein Besschteck!", „Herr Sschtöckelmeier, ein Sssoda Himbeer!" den armen Hansi nachgemacht, was sie gut konnte und gern tat, weil sie sich freute, wenn sie uns damit zum Lachen brachte. Den Hansi hat das weniger gefreut.
Im Gasthaus zu essen, war seltenen Gelegenheiten vorbehalten. Sonst wurde zu Hause und natürlich sehr einfach gekocht.
Das Wasser mußte vom Brunnen geholt werden, da hal-

fen wir Kinder nach Kräften mit. Etwas weiter weg, beim Teich, gab es eine Quelle, die besonders gutes, reines, klares, eiskaltes Wasser gab. Gelegentlich wurde ich mit einem Krug oder einer Flasche um dieses köstliche Naß geschickt.
Ich tat es nicht gern.
Dort war es nämlich unheimlich.
Die Quelle lag im Schatten, inmitten von viel Buschwerk, und tröpfelte dünn, aber stetig vor sich hin. Das ergab ein kleines Bächlein, und in diesem klaren Wasser hausten Krebse. Die Reiner-Buben griffen sich gelegentlich ein paar, grau und häßlich anzusehen. Man mußte sie von hinten anfassen, sonst zwickten sie mit ihren großen Scheren, belehrte man mich. Man warf sie ins kochende Wasser, dann wurden sie rot, ihr Fleisch jedoch war ganz weiß und zart. Die Buben ließen mich kosten, aber die Krebse waren mir, gekocht oder ungekocht, unheimlich.
Auch der Teich war mir nicht ganz geheuer.
Die eine Seite, dort, wo man mir das Schwimmen beibrachte, war hell und freundlich. Dann gab es aber einen dunklen Teil, wo die Sonne nie hinkam, mit Büschen dicht bewachsen. Dort war es gruselig, es roch ein wenig modrig und faulig, Salamander huschten umher, und einmal trieb ein toter Fisch im Wasser, den weißen Bauch nach oben. Und auf dem Grund des Teiches, aber durch das Wasser genau sichtbar, lag das Gerippe eines Tieres.
Ob es wirklich dort lag oder ob ich es mir nur einbildete, weiß ich nicht. Meiner Einbildung konnte in jener Zeit nicht getraut werden. Schließlich war ich damals ja auch überzeugt, daß in Wien, hinter der Wand neben meinem Gitterbett, der Basilisk hauste.
Manchmal fuhr der Vater mit mir im Kahn auch dieses Ufer ab. Ich ließ ihn aber nicht merken, daß es mir dort nicht ganz geheuer war. Denn wenn ich auf dem Boden

des Schinakels saß, den Kopf zwischen den Knien meines Vaters, kam ich mir sehr beschützt vor.
Damals gab es überall noch viele Schmetterlinge, in Maissau aber anscheinend besonders schöne und seltene. Wenigstens behaupteten das die Reiner-Buben, die das Schmetterlingssammeln mit Akribie betrieben. Die erlesensten Exemplare wurden mit Äther betäubt, getötet und mit größter Sorgfalt aufgespießt, damit kein fragiler Flügel, kein Beinchen beschädigt würde. Die Schmetterlinge wurden in Glaskästen aufgehoben, beschriftet, manche Namen sind mir noch im Gedächtnis, vielleicht würde ich die Falter wiedererkennen, wenn es sie heute noch gäbe: Zitronenfalter, Bläuling, Tagpfauenauge, Nachtpfauenauge, Admiral, Kohlweißling, Totenkopf. Alles in allem war das eine Leidenschaft, der ich nichts abgewinnen konnte. Trotz Schmetterlingsnetz, das ich dank der Güte meines Vaters besaß.
Die Wälder des Manhartsberges waren ganz nahe. In den Wald gingen wir oft und holten uns, was nützlich war. Vor allem „Bockerln“, Föhrenzapfen, die es dort in Mengen gab und die zum Unterzünden im Küchenherd gebraucht wurden. Bockerln klauben ging ich gern. Sie waren angenehm anzugreifen, und man hatte schnell die Tasche voll.
Himbeerpflücken war dornig und schmerzhaft, vor allem aber überaus mühsam. Da gab es Leute, die Himbeeren kannenweise davonschleppten. Bei mir dauerte es schon lange, bis ich ein kleines Häferl voll hatte. Die Früchte zerdrückten sich leicht, dann hatte man rot-klebrige Finger. Oder es saßen Blattwanzen drauf, vor denen mir grauste. Hatte ich schließlich das Häferl leidlich voll, konnte es vorkommen, daß ich stolperte und die kostbaren Himbeeren auf den Waldboden kollerten. Sie aufzusammeln und wieder in den Behälter zu tun, war erst

recht eine Pein, weil sie gatschig und verschmutzt waren und ich Rotz und Wasser heulte vor Zorn.
Schwammerlsuchen war die edelste der Sammeltätigkeiten und unterlag strengen Regeln. Da konnte ich nur wenig Erfolge aufweisen. Eierschwammerln kannte ich, die durfte ich vorsichtig abbrocken, wenn ich welche fand. Abschneiden wäre natürlich besser gewesen, aber Messer bekam ich damals noch keines in die Hand.
Einmal brachte ich aus dem Wald einen Zecken nach Hause, der sich auf meinem Kopf festgesetzt hatte. Das war damals nicht außergewöhnlich, kein Mensch geriet deswegen in Panik. Die Großmutter tat ein bißchen Petroleum auf meinen Kopf, der Zeck ließ los und konnte mühelos entfernt werden. Der Petroleumgeruch verging bei der nächsten Kopfwäsche.

Am lustigsten hatten es wir Kinder, wenn der Pepi-Onkel und die Tante Reisser uns besuchen kamen.
Während der Onkel, ich habe es bereits erwähnt, für alles Sportliche zuständig war, bei jedem Wettlauf mittat, bei jedem Fußballspiel die Tore schoß oder, wenn er grade im Tor spielte, sie hielt, der beim Hoch- und Weitspringen mit den Buben, beim Schnurspringen mit den Mädchen wetteiferte und gekränkt war, wenn er nicht immer und überall Erster wurde, hatte die Tante andere Schwächen, besser gesagt Stärken.
Sie liebte das Verkleiden. Nicht sich selber. Ich habe sie nie in irgendeiner Maskerade gesehen, immer ganz korrekt und adrett gekleidet.
Da sie das Schneiderhandwerk gelernt und bis zu ihrer Eheschließung auch ausgeübt hatte, nähte sie sich ihre Kleider selbst. Meine Kindergarderobe schneiderte zwar die Mutter, aber unter genauer Anleitung der Tante. Sie schnitt zu, sie probierte, sie gab exakte Anweisung, wie

das oder jenes zu nähen sei, und meine Mutter befolgte alles genau.
Die beiden Schwägerinnen standen einander so nahe, wie man das nicht einmal zwischen Zwillingsschwestern findet. Die Tante, ein paar Jahre älter als meine Mutter, viel welterfahrener – sie hatte schließlich während ihrer ersten Ehe eine Zeitlang in Berlin gelebt! – und außerordentlich praktisch veranlagt, liebte es, ihre Schwägerin zu bemuttern und ihr mit Rat und Tat beizustehen, was die sich, sie hatte ihre Mutter früh verloren, gern gefallen ließ. Ich kann mich nicht erinnern, daß sich die beiden je gestritten hätten. Sie waren bis zum Tod außerordentlich eng verbunden.
Die Tante liebte das Spielen mit Kostümen. Nicht das Theaterspiel mit Handlung, Wort, Musik, Tanz. Nein, ihr ging es ums Verkleiden; am ehesten könnte man ihre Leidenschaft mit dem Arrangieren lebender Bilder beschreiben.
Die Kostüme stellte sie selbst oft mit den einfachsten Mitteln her. Die Ideen gingen ihr nie aus. Meine Mutter, von Natur aus eher nüchtern, hat oft den Kopf geschüttelt: „Was du dir alles antust!"
Kreppapier als Werkstoff liebte sie sehr. Einmal hat sie, die Kinderlose, bei sich zu Hause einen Kinderball veranstaltet und für alle Kinder Kostüme aus Kreppapier genäht.
In Maissau hat sie für mich ein Kleid mit Rüschenröckchen und einen dazupassenden Schutenhut gebastelt. So graziös, wie sie es sich vorgestellt hatte, gelang meine Pose nicht, wie das Photo zeigt.
Dann wiederum machte sie aus mir und der großen, hübschen Annemarie zwei Bajaderen, frivol und leicht gekleidet, die Federn für den Kopfschmuck mußte der Hahn beisteuern. Geschminkt hat sie uns auch. Wer da-

Maissau 1929: Das Modell aus Kreppapier

mals ein Schminkzeug besessen hat? Tante und Mutter bestimmt nicht. Ich glaube, es war die Tante Otti aus dem Reiner-Clan, das war so eine Mondäne, der war so was zuzutrauen.
Zum Glück wurden diese Verkleidungen im Bild festgehalten, die Tante arrangierte Hand- und Fußhaltung, auch den Gesichtsausdruck, so gut es ging. Auf die Bilddokumentation legte sie größten Wert. Wie ihr Mann war

auch sie ehrgeizig und wollte bewundert und gelobt werden. Daher fanden solche Kostümierungen nur dann statt, wenn mein Vater mit seiner Kamera in Aktion treten konnte.

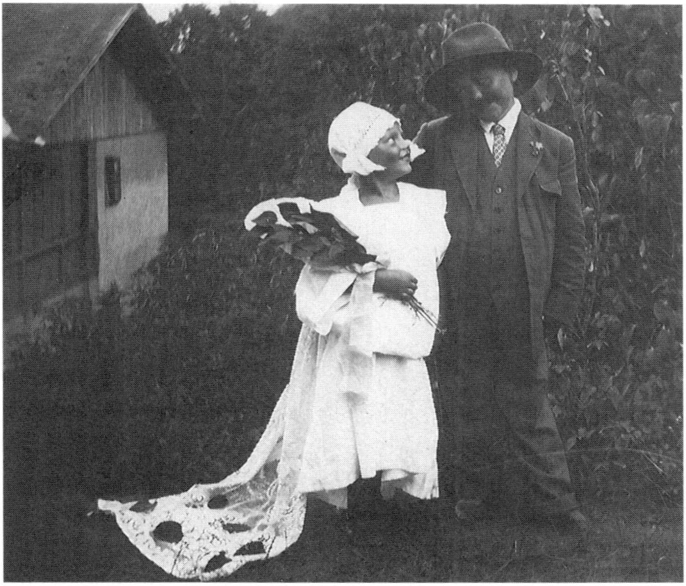

Maissau 1928: Verkleiden macht Freude

Einmal machte sie uns ohne ersichtlichen Grund zu einem Brautpaar. Ich bekam ein langes weißes Kleid, auf meine kurze Länge in der Hüfte modisch gegürtet und hochgerafft, einen Schleier, unschwer als Vorhang zu erkennen, auf den Kopf. Ein paar Zweige wurden mir als Brautstrauß in die Hand gelegt, ein paar Blätter davon auf die Schleppe gestreut. Wangen und Lippen knallrot geschminkt, so strahle ich meinen Bräutigam, die Annemarie, an. Die Annemarie war komplett männlich gewandet, mit Hut, Sakko und Gilet, sogar den Hosen ihres Vaters, dessen Bäuchlein an der Ausbuchtung des Gilets

deutlich zu erkennen ist. Daß sie auch einen Schnurrbart geklebt bekam, versteht sich.
Rollentausch liebte die Tante ganz besonders. Sie hatte ein Auge für komische Wirkungen und konnte mit ihrer Lust an der Verkleidung auch Erwachsene zum Mitspielen bringen.

Maissau 1930: Geschlechtertausch – ein köstlicher Spaß

In meiner Mappe gibt es ein Gruppenbild, das ein bißchen von diesem Spaß wiedergibt.
Annemarie und ich wurden einfach in Ruderleiberln, wie man damals die T-Shirts nannte, und Lederhosen gesteckt, ich in die meines Cousins Hansi, sie in die ihres Bruders Kurt. Das war nicht besonders komisch, wenn auch von mir, dem Lederhosenfan, sehr geschätzt. Der Hansi sah in meinem Dirndl recht mädchenhaft aus, ein

Kopftuch unter einem breitkrempigen Hut verdeckte seine Knabenschneckerln. Der größere und stämmige Kurt, in einem zauberhaften Crêpe-de-Chine-Kleid mit tiefer Taille und gezacktem Volanttröckchen, einen damals hochmodernen Topfhut auf dem Knabenhaupt, hätte bereits mit Erfolg bei „Charleys Tante" mitspielen können. Den Vogel schoß allerdings das erwachsene Paar ab: der lange, dünne Carl, die kurzsichtigen Augen, weil ohne Brille, zusammengekniffen, ebenfalls mit tiefsitzendem Topfhut, kräftig ausgestopftem, etwas tiefgerutschtem Busen, kniefrei, mit durchaus ansehnlichen langen Beinen. Neben ihm, um zwei Köpfe kleiner, die Juli-Tante in männlicher Knickerbocker, kariertem Herrenhemd, sportlicher Schirmmütze, an einer Stummelpfeife saugend, im Schmuck eines geklebten oder gemalten Schnurrbarts. Daß wir alle wild geschminkt waren, versteht sich von selbst.

Da blieb kein Auge trocken, alle hielten sich die Bäuche vor Lachen, die Tante Reisser sonnte sich in der allgemeinen Heiterkeit und war glücklich.

Bis dahin wurden die diversen Verkleidungen improvisiert, mehr oder weniger spontan.

Aber eines Tages war ihr das nicht mehr genug. Sie plante Größeres, Gewaltigeres.

Dazu bedurfte es auch größerer Vorbereitungen.

Sie arbeitete also mit Bienenfleiß und beachtlichem handwerklichen Geschick wochenlang in Wien, bis sie die Kostüme samt Zubehör so realisiert hatte, wie sie es sich in ihrem phantasievollen Kopf vorstellte.

Dann kamen sie und der Onkel vollbepackt nach Maissau, Koffer und Taschen schleppend mit den Utensilien für das Spektakel.

Nach den Photos zu schließen war es wirklich ein Spektakel, quasi ein Vorläufer der Karl-May-Festspiele. Die

Tante hatte für uns Kinder, die sich damals im Grünhof tummelten, nämlich die Annemarie und ihren Bruder Kurt, deren Cousin, den dünnen blonden Otto, mich mit meinem Cousin Hansi, für jeden von uns fünf nach Maß eine komplette Indianerausrüstung genäht und gebastelt. Das Material für die Hosen bestand aus Jutesäcken, an

Maissau 1929: Indianer am Lagerfeuer

den Seitennähten mit bunten Fransen verziert. Es gab kunstvollen Kopfschmuck aus verschiedenfarbigen Hühnerfedern; Accessoires wie Ohrgehänge, Halsketten, Dolche, Pfeifen und was der elegante Indianer halt sonst noch brauchte, sogar stilwidrige Nasenringe hatte die Tante angefertigt, aus massivem Karton, mit Glanzpapier überklebt.

Bei diesen Arbeiten hatte der Onkel mitgeholfen, er war ja ein begnadeter Bastler.

Nun wurden wir als Indianer verkleidet.

Die Buben bekamen eine wilde Kriegsbemalung mit bunten Schminkstiften ins Gesicht gezeichnet, da half der kunstgewerbliche Carl mit, der das besonders gut konnte. Man machte auf der Wiese ein Feuer, wir lagerten uns photogen um den gut sichtbaren Rauch, blickten ernst und indianisch würdevoll drein, bis der Photograph zufrieden war.

Das genügte der Tante noch nicht.

Der Pepi-Onkel, als Trapper durchaus zu gebrauchen – Hemd, buntes Halstuch, Hut, fertig! –, wurde an den

Maissau 1929: Armer Trapper, grausame Indianer, mitleidige kleine Squaw

Marterpfahl gebunden. Es war nicht leicht, einen passenden Baum zu finden, nicht zu sehr im Schatten, verlangte mein Vater, der Photograph.

Die Tante band ihn, ihren Mann, mit einer Wäscheleine kreuz und quer an den Baum, die Indianer zückten mit drohender Gebärde die Messer und legten die Flinte auf ihn an, der Pepi-Onkel neigte den Kopf dramatisch zur Seite, dem Tode nahe.

Das griff mir ans Herz. Ich, die kleine Squaw, war von dieser Tragödie sehr beeindruckt. Ich stehe mit ver-

schlungenen Händen da und schaue mitleidsvoll zu dem armen Trapper empor.
Daß der ganze Aufwand nur für diese eine Photo-Session gewesen sein sollte, wurde allgemein bedauert. Daher bewahrte man die Indianerhosen und sonstigen Utensilien auf, etliches kam im Lauf des Jahres dazu oder wurde verfeinert, und im nächsten Jahr, ebenfalls im August, gab es wieder ein Indianerfest in Maissau.
Die Buben agierten diesmal mit nacktem Oberkörper, trugen Halsketten aus echten Tierzähnen, die sich einer beim Schweineschlachten organisiert hatte. Der Häuptling rauchte nun aus einer besonders langen, reichgeschnitzten Pfeife, die der große Bruder mit seinen begnadeten Künstlerhänden geschaffen hatte. Pfeil und Bogen waren dazugekommen. Irgend jemand hatte einen großen Kessel beigesteuert. Der wurde an drei Pfählen aufgehängt, wiederum ein echtes Feuer darunter entzündet, mit gewaltiger Rauchentwicklung. Die Indianerfrau Annemarie nährte das Feuer durch Nachlegen von Hölzchen, und ich, die kleine Squaw, rührte hingebungsvoll im Kessel.
Vorne saß der dicke Häuptling mit seinen beiden Jung-Indianern, in den wildesten Farben kriegsbemalt.
Und im Hintergrund Pepi-Onkel, der bewährte Trapper, noch bei Bewußtsein, diesmal mit einem Riemen an den Marterpfahl gebunden, nicht an einen Baum, sondern an einen richtigen, kerzengeraden, entrindeten Pfahl. Er mußte ihn allerdings selber festhalten, damit er, der Pfahl, nicht umfiel, aber das war im Bild selbstverständlich nicht zu sehen. Schade, ewig schade, daß es damals noch keine Farbphotographie gab.
Mittlerweile schrieben wir das Jahr 1930.
Ich war kein Kleinkind mehr, sondern bereits eine Schülerin mit begrenzter Freizeit. Mit der monatelangen Sommerfrische war es vorbei.

Ein Abschnitt ging zu Ende. In Gablitz hatte ich laufen gelernt, in Maissau schwimmen und sogar Trittroller fahren.
Neues stand bevor.
An diese frühe Zeit habe ich, wie könnte es anders sein, keine präzisen Erinnerungen. Was bleibt, außer den Photos, ist ein Gefühl von Geborgenheit, von Umsorgtsein, von „es kann dir nix g'schehn". Viel Sonne. Leichte Schatten. Flüsternd erzählt der Vater, aus der Stadt kommend, daß der Justizpalast gebrannt hat und die Wachstube neben unserem Wohnhaus beinahe auch. Da fürchtet sich das Kind vor dem Unheimlichen, Unverständlichen. Eine leise Ahnung, daß die großen, starken Erwachsenen, die immer alles wissen, manchmal auch Angst haben und ratlos sind.
Ansonsten eine heile Welt. Bis auf blutige Knie und klebende Mullbinden.

Zwischenspiel Petersbaumgarten

Mit den Volksschulfreunden · Fast kein Wirtshaus im Ort · Wohnen in Mühle und Bauernhof · Das Kind lernt Kühe hüten und photographieren · Ausflüge · Theaterspielen

Mit dem Eintritt in die Volksschule begann ein neuer, ein bedeutsamer Lebensabschnitt.
Das Kleinkind streckte sich und wuchs. Auch die Haare. In Zöpfe geflochten, hingen sie beinahe bis zur Brust. Die Großmutter lebte nicht mehr. Merkwürdig, sie scheint mir nicht besonders nahegestanden zu sein, denn ich kann mich an keinen großen Schmerz über ihren Verlust

Petersbaumgarten 1932: Rast beim Spaziergang mit allen vier Baar-Kindern

erinnern. In der beengten Wohnung war nun etwas mehr Platz, das Gitterbett im Zimmer der Eltern hatte ausgedient, eine Bettbank wurde angeschafft, die stand im Wohnzimmer, und ich durfte darauf schlafen. Auch ein Klavier kam ins Haus. Alles für mich.
Allmählich gab es auch neue Freunde. Eine enge Beziehung entwickelte sich zwischen meiner und der Familie meiner Lehrerin. Die Eltern verstanden einander gut, besonders die beiden Mütter, und so steckte ich beinahe täglich mit den Baar-Kindern zusammen, die nur drei Häuser entfernt wohnten.

Wenn man in Wien soviel Kontakt hatte, war es naheliegend, auch die Ferien miteinander zu verbringen.
Immer noch waren dieselben Kriterien für die Auswahl einer Sommerwohnung gültig: nicht weit von Wien, billig, mit Kochgelegenheit, gesunde Gegend, gute Luft.
Petersbaumgarten wurde zum neuen Sommerfrischenort erkoren. Ein winziger Ort an der Aspangbahn, in der Nähe von Grimmenstein, etwa zwei Eisenbahnstunden von Wien entfernt.
Wir wohnten bei einem Bauern, der, glaube ich, „Aulechner" hieß. Die Baars hatten unweit von uns in einer Mühle Quartier genommen.
Es wurde wieder selber gekocht, denn ein Wirtshaus gab es in diesem Ort nicht. Doch, ein Bahnhofsgasthof war vorhanden. Einmal machten wir einen Vorstoß in dessen Inneres, wurden von einer alten, gekrümmten Frau demütig-wehmütig lächelnd begrüßt mit den Worten „Bitte! Bitte!" (sie sagte „büte, büte!") „Kochen tan ma nix, bitte, bitte. A saure Wurscht . . . bitte, bitte . . .", worauf sich die Frage nach Essen im Gasthaus erübrigte.
Wir Kinder haben der guten Frau, Eggel hieß sie, glaube ich mich erinnern zu können, mit Erstaunen zugehört, und ihren Spruch „büte, büte, kochen tan ma nix, büte, büte" unserem Repertoire an g'spaßigen Sprüchen einverleibt.
Unser Bauer hatte eine Anzahl Kühe, die auf den Wiesen vor dem Haus weideten, von des Bauern Töchterlein beaufsichtigt. Sie war ungefähr in meinem Alter und hat mich in die Grundzüge des Viehhütens eingeweiht. An ihrer Seite lernte ich die Eigenheiten des Rindviehs erkennen, auch wie man die Tiere mittels eines Steckens grob zur Raison bringen muß. Ich konnte sie bald unterscheiden und mit Namen nennen. An seltenen Glückstagen durfte ich allein auf sie aufpassen – ein neues Gefühl der Verantwortung.

Es gab auch Katzen, mit denen man spielen konnte, was besonders meinen Vater freute, der ein großer Katzenliebhaber war. Junge Katzerln steckte er sich gern ins Hemd und trug sie mit sich so lange herum, bis sie sich schlecht benahmen, worauf er sie fluchend entfernte und das Hemd wechselte.

In diesem Sommer wurde ich für reif befunden – ich war neun –, selber zu photographieren. Mein Vater schenkte mir eine „Box Tengor“, erklärte mir genau, wie Entfernung und Belichtung zuerst einzuschätzen und dann einzustellen seien. Man konnte zwar nur zwischen drei Blenden und drei Entfernungen wählen, aber auch das mußte genau bedacht werden. Dann folgten noch genaue Ratschläge über das Motiv, daß man nicht den Finger vor das Objektiv halten sollte beim Abdrücken, nicht gegen

Petersbaumgarten 1932: Meine erste Aufnahme mit der neuen „Box“

die Sonne knipsen, nicht wackeln und was er sonst noch für Vorschriften für mich parat hatte.
Dann schritten wir zur ersten Aufnahme.
Er pflanzte sich auf der Wiese auf, vor unserem Bauernhaus, dahinter lag der Wald. Ein schönes Motiv, fanden wir beide. Er steht da, in kurzer Sommerhose, Ausschlaghemd, Arme in die Hüften gestemmt, Beine gespreizt, im prallen Sonnenschein, Gesichtsausdruck zwischen lächelnd und skeptisch, ob ich es richtig mache.
Als der Film entwickelt war, dürfte er mit dem Resultat zufrieden gewesen sein, denn er schrieb stolz auf die Rückseite des Bildchens: „Aug. 32, Trudes erste Aufnahme."

Petersbaumgarten 1932: Meine Schwimmkenntnisse konnte ich im Mühlbach nicht vervollkommnen

Meine Schwimmkenntnisse konnte ich in Petersbaumgarten nicht vervollkommnen. Es floß nur ein kleiner Bach durch unser Grundstück, besser gesagt durch das Grundstück unseres Bauern, gerade recht, um darin zu plätschern und sich abzukühlen.
Ich trage zwar auf einem Photo zum Badeanzug auch eine Badehaube, was mir aber aus heutiger Sicht etwas übertrieben vorkommt.
Die Gegend war eher für Ausflüge und Spaziergänge als für Badefreuden geeignet.
Der Wald fing gleich hinter unserem Haus an und bedeckte den kegelförmigen, recht ansehnlichen Kulmriegel. Große Ausflüge haben wir sicher nicht gemacht, aber Wanderungen, die ohne große Mühe zu bewältigen waren, zum „Türkensturz", einer im vorigen Jahrhundert angelegten künstlichen Ruine hoch oberhalb des Ortes Gleißenfeld, oder zur Waldwiese, nicht weit von unserem Haus, Lieblingsspaziergang der Frau Baar, die eine Schwäche für Waldwiesen hatte.
Einmal führte uns unser Bauer mit einem leichten Pferdewagerl nach St. Corona, dem Wallfahrtsort, der von Aspang aus über eine steile Straße zu erreichen ist. Die Pferde plagten sich, der Wagen schwankte furchterregend, ich bekam Angst. Viele Jahre später würde ich zum Skilaufen nach St. Corona fahren, ebenfalls von Aspang aus, mit einem klapprigen Autobus, was nicht weniger furchterregend war.

Es versteht sich, daß ich so oft wie möglich mit den Baar-Kindern zusammensteckte, mit der gleichaltrigen Hermi und dem um ein Jahr jüngeren Bertl. Grete ging schon in die Lehrerbildungsanstalt, war also fast erwachsen, und auch Hansl, vier oder fünf Jahre älter als wir, ließ sich nur selten herab, mit uns zu spielen.

Wir wollten auch gar nicht, daß jemand Älterer unsere Kreise störte.
In Wien hatten wir unsere geheimen Theaterspiele begonnen, zuerst mit den Figuren des Papiertheaters und selbsterfundener Handlung. Dann verkleideten wir uns selbst und agierten in unseren dramatisierten Königs- und Heldensagen, immer unter strengstem Ausschluß der Öffentlichkeit.
Wir hatten den „Nibelungen"-Film des Fritz Lang gesehen, der uns so nachhaltig beeindruckte, daß wir die Kriemhild-Siegfried-Story immer wieder mit allen nur erdenklichen Variationen durchspielten.
Was wir dabei gesprochen haben, weiß ich leider nicht mehr. Wahrscheinlich die Untertitel des Films, der ja bekanntlich stumm war.
Einmal überraschte uns Schwester Grete bei unseren Spielen. Wir hatten uns in ein Zimmer in der Mühle zurückgezogen, glaubten uns allein, aber plötzlich tauchte sie auf und wollte mitspielen.
Sie, beträchtlich älter als wir, war sogar schon öffentlich aufgetreten, also bereits eine gewiegte Schauspielerin. In der Lehrerbildungsanstalt war Raimunds „Barometermacher" aufgeführt worden, und sie hatte eine Hauptrolle gespielt. Das wußten wir, und daher konnten wir ihre ehrenvolle Mitwirkung nicht ablehnen.
Aber sie störte.
Unsere Rollenverteilung war simpel, mit wenigen Variationen: Einmal war ich die Kriemhild und die Hermi der Siegfried, das nächste Mal war es umgekehrt. Bertl mußte alle übrigen Rollen spielen, den König Gunther, den Alberich, den Hagen, den Drachen oder den König Etzel.
Für Grete war keine Rolle frei.
Sie schlug eine andere Handlung vor, weil sie eine Königinmutter spielen wollte, die im Gefängnis schmachtete.

Wir willigten ein, sie warf sich neben den Ehebetten auf den Bettvorleger ins „Gefängnis“ und fing so markerschütternd laut zu schreien an: „Wasser! Brot!“, daß wir uns entsetzlich genierten und Angst hatten, alle Leute würden zusammenlaufen.
Gelaufen kam nur der Mühlenbesitzer, ein recht attraktiver Herr, und es könnte sein, daß die Grete das mit ihrem Geschrei durchaus beabsichtigt hatte.
Das Spiel wurde jedenfalls unterbrochen.
In Zukunft hielten wir auf noch größere Geheimhaltung, um nur ja niemanden Unberufenen mitspielen lassen zu müssen.

Villa David – Oberplank

Das Kamptal · Zauber der Gegend · Villa David · Der Marillenbaum · Die Badehütten · Aumühle und Kampfelsen · In Haus und Garten · Theatervorstellung in der Loggia · Nachbarliche Tarockpartie · Bei den drei Schwestern · Franz-Josefs-Bahn und Busserlzug · Der Bahnhof und das Bahnhofsrestaurant als Orte der Begegnung · Tischtennis und Kränkung · Samstag-Tanz und Empfindlichkeit

Eines Tages beschloß der Familienrat, ins Kamptal auf Sommerfrische zu fahren.
Wer diese Idee aufgebracht hat, weiß ich nicht. Als Kind durfte man ja seinerzeit bei der Urlaubsplanung nicht mitreden. Man hatte auch in anderen Belangen kein Mitspracherecht. Die Eltern wußten am besten, was gut für den Nachwuchs war, so hieß es. Als braves Kind gab es da keinen Widerspruch. Man hatte sich zu fügen.
Sie meinten es ja wirklich gut mit mir, die Eltern.
Erstens, daß sie mich überhaupt aufs Land führten in den Ferien – da mußte schon eingeteilt und gespart werden, damit das Gehalt des Vaters dazu reichte –, und zweitens, daß sie auch darauf schauten, daß ich, das Einzelkind, andere Kinder zum Spielen haben würde in den langen Ferienwochen.
Der gemeinsame Urlaub mit den Baars in Petersbaumgarten hatte sich bewährt, wir Kinder waren unzertrennlich, die Erwachsenen kamen auch gut miteinander aus. Man konnte also wagen, für den nächsten Sommer gemeinsam ein Haus zu mieten, falls man etwas Passendes finden würde.
Vermutlich hat sich Herr Baar, der die meiste Zeit hatte, umgeschaut und umgehört. Er war nämlich früh in Pension gegangen und genoß die Rolle des Hausmannes (das Wort war damals allerdings noch nicht erfunden), während seine Frau der Haushaltführung weniger abgewinnen konnte und lieber ihren Beruf ausübte.
Eines Tages war es beschlossene Sache: Kamptal! Wir fahren nach Plank am Kamp!
Das Kamptal ist eine Sommerfrischengegend mit alter Tradition. Waldreich, romantisch, mit dem Zug von Wien leicht zu erreichen, auch der gute Wein mag eine Rolle gespielt haben, jedenfalls haben schon in der Monarchie „bessere“ Leute, Fabrikanten, Rechtsanwälte,

Ärzte und Geschäftsleute, die es sich leisten konnten, im Kamptal ihre Villen gebaut oder Bauernhäuser gekauft und umgebaut und Jahr für Jahr dort ihre Sommer verbracht.

In der Zwischenkriegszeit, in den dreißiger Jahren, kamen dann die kleinen Leute ins Kamptal: Angestellte, Beamte, Lehrer; und sie versuchten, mit wenig Geld und ohne eigene Villen ihren Familien ein paar Wochen Sommerfrische zu gönnen.

In der wirtschaftlich schlechten Zeit waren die Ortsbewohner froh, sich durch Zimmervermieten ein paar Schilling zu verdienen.

Mein Kamptal reicht von Langenlois bis Rosenburg, großzügig berechnet. Bei näherer Betrachtung von Stiefern bis Gars. Höchstens.

Der Mittelpunkt, der Nabel meiner Sommerurlaubsglückswelt, ist Plank, Oberplank und Unterplank. Mit seltenen, behutsamen Abstechern, teils zu Rad, teils per Kahn, kampaufwärts, kampabwärts.

Nur daran zu denken, macht mir das Herz schwer und leicht zugleich.

Es gibt Gegenden, die einen magischen Zauber ausstrahlen. Man kommt ein Leben lang nicht mehr los davon.

Für manche ist es das Salzkammergut, die Wachau oder der Wörther See. Das Wasser scheint dabei immer eine Rolle zu spielen. Im und am Wasser wohnen halt so viele Geister . . .

Der seltsame braune Kamp wirkt geheimnisvoll, daran ändert auch der Stausee nichts, den man da oben angelegt hat. Im Gegenteil, ein Stausee, durch künstliche Überflutung entstanden, erinnert an versunkene Dörfer, in denen manchmal Kirchenglocken läuten, ein kleines Atlantis am Grunde des Sees. Manchmal spiegeln sich gewaltige Granitfelsen in seinem Wasser und machen es düster, dann wieder wird das Tal weit und lieblich – eine stille, eine verwunschene Gegend.

Die Villa David, weithin sichtbar, ist von der Bahn leicht zu erreichen. Man muß nur auf der Straße den Kamp entlanggehen, dann über die alte hölzerne Brücke, die inzwischen schon erneuert wurde, eine kleine Anhöhe

Oberplank 1933: Die Kapelle und die Villa David

hinauf; dort steht sie, keck neben dem Kirchlein, mit dem Giebel zum Kamp gerichtet, in den Dimensionen der Kirche so ähnlich, fast wie ihr Echo, nur ohne Turm. Um die Kirche ein kleiner Friedhof, durch eine Steinmauer vom Garten der David-Villa getrennt. Eine ruhige und nur für überzarte Gemüter schaurige Nachbarschaft. Wir wohnten im ersten Stock, unsere Freunde in der größeren Wohnung im Parterre.
Unser Zimmer war komplett und sehr ordentlich im damaligen Geschmack eingerichtet, mit Ehebetten, Nachtkästchen, Madonnenbild und Weihbrunnkessel an der

Wand. Vor den Betten stand eine Ottomane, auf der ich schlief. Dann gab es noch Küche und Vorraum.
Der Garten war nicht groß, sehr gepflegt, aber mit Blumenbeeten und Rosenstöcken zu angeräumt für Kinder mit Bewegungsdrang. Es wurde uns auch dauernd eingeschärft, nichts zu beschädigen, in kein Beet zu treten, nichts abzureißen.
Das Haus gehörte einer geheimnisvollen Frau David, die keines von uns Kindern je zu Gesicht bekam. Sie wohnte nämlich in Wien und scheint Plank kaum heimgesucht zu haben. Aber als eine Art Gesslerhut, als Zeichen ihrer ständigen Anwesenheit, der man Respekt zu zollen hatte, und gleichzeitig als Baum der Versuchung stand mitten im Garten statt des bewußten Apfelbaums ein Marillenbaum. Besonders schöne Früchte trug er, die just während der Ferien reiften und die anzurühren uns natürlich streng verboten war. Die gehörten der Hausfrau, der zwar unsichtbaren, aber allgegenwärtigen, mit deren Zorn man uns Kinder ständig schreckte.
Wir hielten uns daran, wirklich und wahrhaftig, wir hielten uns daran. Nicht einmal *eine* Marille, nicht einmal eine halbe wagten wir zu kosten.
Erste Lektion fürs Leben: Bravheit, Anständigkeit, Gewissenhaftigkeit werden selten belohnt. Und der Spruch „Crime doesn't pay" hat auch nicht immer seine Gültigkeit.
Über Nacht waren Diebe über die Friedhofsmauer gestiegen und hatten den Baum leergepflückt.
In der Früh der Entsetzensschrei von Papa Baar: „Die Marillen sind weg!"
Diebstahlsanzeige, Gendarm, Wolfshund, Schnüffelei – vergebens. Der Dieb wurde nie entdeckt.
Wie Frau David reagiert hat, ob sie die Diebsgeschichte geglaubt oder uns verdächtigt hat, ob man ihr Schaden-

ersatz gezahlt hat, ich weiß es nicht. Für die Erwachsenen war es sicher peinlich.
Wir Kinder hielten uns in Zukunft nicht mehr ganz so streng an das Gebot, das Davidsche Eigentum nicht anzurühren. In der Lade eines Kastens, der auch mit einem Tabu belegt war, fanden wir köstliche Badeanzüge aus vergangenen Tagen, die wir bei unseren Kasperliaden als spaßige Kostüme verwendeten. Die Eltern erhoben keinen Einspruch.

Badehütten am Kampufer

Von unserem Fenster im Oberstock hatten wir einen weiten Ausblick über den Kamp, die Brücke, die Straße zum Bahnhof, das Bahnhofsrestaurant, die Aumühle und die Badehütten.
Zu jedem Haus, das von Sommerfrischlern bewohnt war, gehörte eine eigene Badehütte, in der sich die Gäste umziehen konnten, bevor sie sich den braunen Fluten des Kamp anvertrauten. Es gab, weiter flußabwärts, ein öffent-

liches Strandbad, aber davon machten wir nie, auch später nicht, als wir im Tal unten wohnten, Gebrauch.
Die Badehütten, aus rohen Brettern gezimmert und manchmal schon recht windschief, boten außer Schutz vor neugierigen Blicken beim Umkleiden keinerlei Komfort. Es gab ein paar Kleiderhaken, oft nur eingeschlagene Nägel, ein Brett zum Sitzen beim Schuheanziehen und eventuell einen Spiegel.
Das war aber auch schon der äußerste Luxus.
Man lagerte in der Nähe seiner Badehütte auf einer Dekke in der Wiese und ging gelegentlich ein paar Schritte zum Wasser. Es gab da günstige Einstiegsmöglichkeiten, meist auch kleine hölzerne Stiegen mit Geländer, aber nur mit Vorsicht zu betreten, weil der im Wasser liegende Teil sehr glitschig war.
Nach dem Bad ließ man sich von der Sonne trocknen, zog seine Kleider an und strebte wieder seinem Heim zu. Es war günstig, keine Badesachen in der Hütte zu lassen; der Ehrlichkeit der Menschen war nicht zu trauen, besonders nicht bei Nacht. Siehe Marillen.
Gelegentlich erkundeten wir das Ufer ein wenig flußaufwärts, ein wenig flußabwärts. In jenem ersten Jahr durften wir uns von der elterlichen Aufsicht noch nicht sehr weit entfernen. Die großen Abenteuer kamen erst später.
Der Aumühle wagten wir uns nicht in die Nähe.
Sie war zu unserer Zeit schon eine Ruine, muß aber, wie alle Mühlen der Gegend, einmal ein stattliches Bauwerk gewesen sein. Sicher war es nicht ratsam, dort herumzustöbern, zu leicht konnte man in eine Grube fallen, es war ja alles von wildem Strauchwerk überwuchert, oder es konnte einem ein Mauertrumm auf den Kopf fallen.
Man hielt die Kinder von der Aumühle mit allerhand Spukgeschichten fern, und wir glaubten sie.

Die Reste der Aumühle in Oberplank

Daß dort manchmal Zigeuner lagerten, dürfte sogar gestimmt haben, die gab es damals noch häufig in der Gegend.

Die Aumühle war ein verwunschener Ort.

Auch der Kamp hatte an manchen Stellen etwas Unheimliches. Besonders dort, wo die Felsen unmittelbar und steil zum Fluß abfielen: Dort war das braune Wasser im Schatten noch dunkler, man munkelte auch von großer Tiefe und daß etliche Bauerngespanne hineingestürzt und nicht mehr aufgetaucht seien.

Besser, man schwamm dort nicht vorbei.

In unserem Garten war das Spielen, wie gesagt, mehr oder weniger verboten oder doch sehr erschwert. Da es aber nicht nur sonnige Badetage gab, mußten wir uns anders beschäftigen, besonders bei Regenwetter.
Nun gab es in unserem Haus, ebenerdig, eine Art Loggia, überdacht und nach vorne offen. Dort zu spielen konnte man uns nicht verwehren, wir waren in der Luft, aber doch vor Regen geschützt. Und so spielten wir drei – Hermi, Bertl und ich, damals etwa zehnjährig – stundenlang und mit Hingabe.
Unsere Leidenschaft war, seit wir uns in der ersten Volksschulklasse kennengelernt hatten, das Theater in seinen vielfältigen Erscheinungsformen: zuerst das Papiertheater, von denen ich und meine Freunde je eines besaßen, mit Figuren und dazugehörigem Textbuch. Die Theater waren so umständlich aufzustellen, daß wir es bald sein ließen und nur die Figuren benützten, und auch die bald ohne den vorgeschriebenen Text, sondern mit frei und spontan erdachten Handlungen.
Dann war es nur mehr ein kleiner Schritt, uns selber zu verkleiden, als Prinz und Prinzessin und Drachen, Stegreifspiel auf Basis der von uns sehr geliebten und oft gelesenen Heldensagen.
Alles das hatten wir schon in Wien beinahe jeden Nachmittag praktiziert, und die Zeit war uns immer zu kurz geworden. (Einmal hatten wir uns sogar verstiegen, Goethes „Faust" mit verteilten Rollen zu lesen. Der große Bruder, der uns dabei überraschte, konnte nur mühsam das Lachen unterdrücken. Ob wir – damals waren wir sieben! – denn verstehen würden, was wir lasen? Freilich, bekräftigten wir und waren auch überzeugt davon. Wir ließen es aber bald darauf sein, es war doch zu fad. Unsere eigenen Worte waren uns lieber.)
Wir waren gewöhnt, unsere Heldengeschichten unter

größter Geheimhaltung darzustellen. In der Loggia war eine solche Geheimhaltung nicht möglich.
Nun gab es in Wien zu jener Zeit in Hernals, in der Kalvarienberggasse im Gasthaus Sima, das einen großen Theatersaal besaß, gelegentlich auch am Sonntagnachmittag Vorstellungen einer Schmierenbühne Striesescher Prägung. Dort durften wir manchmal hingehen.
Man spielte dramatische, rührende, unendlich kitschige Ritterstücke, deren unfreiwillige Komik wir schon damals durchschauten und genossen, deren Pathos und krampfhaftes Hochdeutsch uns Lachkrämpfe verursachten.
Aber vor jedem Rührstück gab es eine kleine komische Szene, meist mit drei Personen, uralte Clownnummern, wie sie seit Jahrhunderten überliefert und mit Variationen bis heute gespielt werden.
Die haben uns gefallen.
Die Loggia in der Villa David gab eine prächtige Bühne ab. Mit unseren Liebes- und Heldengeschichten, dem Ausdruck unserer Gefühle und Sehnsüchte vor die Öffentlichkeit zu treten, wäre uns nicht in den Sinn gekommen, wäre uns wie Entweihung vorgekommen und viel zu peinlich gewesen.
Aber die kurzen Clownszenen, zu dritt, zwei komische Personen und der Direktor, der immer draufzahlt, geohrfeigt oder mit Wasser bespritzt wird – das wäre doch was, um es einem geneigten Publikum vorzuführen.
Wir waren von dieser Idee sehr angetan und arbeiteten eifrig an ihrer Verwirklichung.
Die Clownnummern wurden einstudiert. Ob sie wirklich so komisch waren, wie sie uns vorkamen, möchte ich bezweifeln. Wir haben uns jedenfalls bei den Vorbereitungen köstlich unterhalten.
Auch bei der Kostümierung.
Bertl, als der „Herr Direktor“, trug seine Brille, seinen

Überrock, seine normalen Hosen – kurz, er trug Zivil und machte einen durchaus würdigen Eindruck.
Hermi war in das Davidsche Strandkostüm gehüllt: lange, weite Hose und dazugehörende weite Jacke aus knallrotem Baumwollstoff mit weißem Bortenmuster, auf dem Kopf einen Hut ihres Vaters, und ich zog meine Pyjamahosen an, dazu ein rotes Leiberl und als Krönung der

Zwei komische Personen und der Direktor

Lustigkeit einen emaillierten Kübel passender Größe auf dem Kopf, wobei der Henkel gerade unters Kinn paßte.
So angetan agierten wir auf der Loggia, die wie eine richtige Bühne etwa einen Meter über dem Boden lag, so daß die Zuschauer zu uns hinaufschauen mußten.
An die Szenen selber kann ich mich nicht erinnern, höchstens an eine mit der Pointe „Biene, gib mir Honig“, die ich zu meinem Erstaunen erst vor ein paar Jahren von der jungen und sehr erfolgreichen Truppe des Roland Knie gespielt gesehen habe.

Die Sitzgelegenheiten für unser Publikum bestanden aus Gartenbänken und etlichen Sesseln. Zehn Personen saßen in der ersten Reihe, der einzigen, für eine zweite wäre auf dem schmalen Gartenweg in dem gepflegten Ziergarten nicht Platz gewesen. Die andern mußten

Die Zuschauer blicken gespannt zur Bühne hinauf

stehen. Ich zähle zwölf Personen auf dem Photo, das mein Vater zur Erinnerung an diesen Anlaß gemacht hat: Herrn und Frau Baar, meine Mutter, Tante Anna, Tante Theres, Hansl, Grete, die Kölbl-Trude, die Wirth-Erni und noch drei Kinder, die ich nicht mehr identifizieren kann. Im Vordergrund gibt es einen leeren Platz auf der Bank, für den Photographen. Also insgesamt dreizehn!
Es war aber trotzdem ein glückhaftes Unternehmen.
Die Zuschauer blicken gespannt und amüsiert zur Bühne hinauf, ein Erfolg! Die feinen alten Damen, Tante Anna und ihre Schwester, waren wie immer tadellos frisiert, elegant gewandet und mit Sonnenschirm erschienen und hatten sogar einen Blumenstrauß vom Planker Gärtner mitgebracht, einen jener Einheitssträuße, von denen noch zu reden sein wird. Diesen Strauß warfen sie uns während des Schlußapplauses auf die Bühne. Als Huldigung war es gedacht. Da wir aber damals noch nichts wußten von solchen Bräuchen in Burg und Oper, faßten wir es als Beleidigung auf. Bertl, kurz entschlossen, packte die Blumen und schleuderte sie ins Publikum zurück. Ein Mißverständnis.
Aber sonst war alles wunderbar.

Im Lauf der Zeit lernte man auch die Nachbarn kennen, es entwickelte sich ein reger geselliger Verkehr. Mit den Familien Blöch und Kölbl, die gleich nebenan wohnten, aber nicht als Mieter, sondern im eigenen Haus, gab es bald engeren Kontakt.
Die Männer entdeckten ihre gemeinsame Liebe zum Tarockieren. Es gab häufige „Königrufen“-Partien im Garten, die sich über Jahre, auch in Wien, fortsetzten.
Die Frauen beschränkten sich aufs Kaffeetrinken, Handarbeiten und Plaudern.

Die großen Kinder, der Kölbl-Hans und die Grete, tauchten nur selten auf, auch der Blöch-Pold hatte seine gleichaltrigen Freunde, der steckte eher mit dem Schöppl-Hermann zusammen, der gleich nebenan wohnte.

Aber es gab ja noch die Trude aus dem Hause Kölbl, ungefähr in meinem Alter, und die Erni, das Wirtstöchterlein, sowie etliche Mädchen, die dazupaßten. Auch in dieser Gruppe, die wieder einen völlig anderen Charakter hatte, wurde Theater gespielt.

Wie man den alten Photos aus dem Archiv des Sommerfrischemuseums von Schönberg entnehmen kann, wurde von den Sommerfrischlern ständig und mit Begeisterung Theater gespielt.

Mit dieser Gruppe spielte ich vorwiegend Märchen.

Von „Aschenbrödel" gab es ein Photo, das mir leider verlorengegangen ist: ich in der Titelrolle, mit gelöstem Blondhaar, züchtig in eine Schüssel mit echten Linsen starrend, davor die Elli (oder war es die Erni?) als Prinz, kniend, den Schuh in der Hand, im Hintergrund ein dünnes blondes Wesen, mürrisch in die Sonne blinzelnd und offenbar die böse Stiefmutter verkörpernd.

Diese Spiele fanden nicht in der David-Villa statt, sondern in einem großen, recht verwilderten und daher kindergerechten Garten. Er gehörte den Schwestern Aichinger und hatte samt Haus und Bewohnerinnen eine besondere Anziehungskraft für mich. Ein verwunschener Ort, wenigstens in meiner Erinnerung.

Es waren, wie könnte es anders sein, drei: Mitzi, Ludmilla und Paula, liebenswürdige, etwas verhuschte, äußerst wohlerzogene alte Mädchen. Aus erstklassigem Haus, Offizierstöchter, so hieß es, und nicht mit Glücksgütern gesegnet. Den Rest des bescheidenen elterlichen Vermögens hatte vermutlich die Kriegsanleihe aufgezehrt. Das ererbte Haus in Plank bewohnten sie im Sommer. Im Winter lebten sie miteinander in einer großen, düsteren, vollgeräumten und verstaubten Wohnung in der Nußdorfer Straße.

Wovon sie lebten? In ihren Kreisen wurden Mädchen nicht auf einen Beruf, sondern aufs Heiraten vorbereitet, sie lernten kochen, nähen, sticken und Klavier spielen. Da keine einen Mann fand, auch nicht einen ähnlich dem Hofrat Grillparzer, blieben sie zusammen und versuchten sich mit dem, was sie konnten, durchzubringen. Die eine führte den Haushalt, die zweite nähte und stickte ein bißchen, und die dritte, Ludmilla, gab Klavierunterricht.

Auch im Landhaus in Plank stand ein alter, klappriger Flügel. Und weil mein Vater mir während der Ferien das Klavierüben ermöglichen wollte, wurde ich zu diesem Zweck zu den Schwestern Aichinger geschickt.

Anfangs war ich nicht begeistert, in den Ferien üben zu müssen, aber aufbegehren gab es damals für ein braves Kind nicht.

Ich ging also, um bei Fräulein Aichinger meinen Antrittsbesuch zu machen.

Und war verzaubert.

Das bißchen Klavierspielen, das mir auferlegt war, belastete mich nicht, denn Ludmilla war nachsichtig und gütig und nicht so streng und grob wie der Musiklehrer in Wien. Nach dem Üben durfte ich in den Schätzen der alten Damen kramen, die sie für mich aus Laden und Truhen ans Tageslicht zogen:

Gesellschaftsspiele wie „Glocke und Hammer“, die längst aus der Mode gekommen waren, Anleitungen zur Fächer- und Blumensprache, Cotillon-Orden und Damenspenden von Bällen, die sie in ihren Jugendtagen unter Obhut der Eltern oft, aber erfolglos besucht hatten.

Obwohl selbst kinderlos, waren sie äußerst kinderfreundlich, drei gute Feen, die mir und etlichen Nachbarkindern das Spielen in ihrem großen, verwilderten Garten gern erlaubten.

Das Kamptal war durch die Kamptalbahn beträchtlich aufgewertet worden. Die vielen am Kamp gelegenen Mühlen hatten begreifliches Interesse an einem Bahnanschluß, und so wurde bereits im Jahre 1889 die Bahnlinie durch das Kamptal eröffnet: von Hadersdorf nach Sigmundsherberg. Im Zusammenhang damit nahm auch der Fremdenverkehr seinen Aufschwung.
Ohne günstige Zugsverbindung wäre Plank für uns sicher nicht in Frage gekommen.
Auf dem Franz-Josefs-Bahnhof begannen unsere Ferien, und auf ihm endeten sie. Es war üblich, und die meisten Familien hielten es so, die Zeit voll auszunützen und, so bald es nur ging, die Großstadt hinter sich zu lassen und endlich aufs Land zu kommen.
Man wartete die Zeugnisverteilung am Samstagvormittag ab. Das große Gepäck war mit dem Lastauto schon vorausgeschickt worden, die Koffer standen gepackt bei der Tür, mit dem Mittagszug sollte es losgehen.
So dachten nicht nur wir, sondern Hunderte Familien, und darum gab es Samstag zu Mittag auf dem Franz-Josefs-Bahnhof ein beängstigendes Gedränge.
Jeder mußte sich zwecks strenger Kontrolle durch die Perronsperre zwängen, wo ein Bahnbediensteter, ein einziger, saß und die Karten begutachtete. Die Sperre war eng, die Reisenden mit Kindern, Koffern und Reisetaschen bepackt, die Hitze war groß, die Nervosität auch, es wurde gedrängt und gestritten. Auch Begleitpersonen mußten eine Perronkarte lösen und sich durch die Sperre quetschen. So streng war die Bahn zu ihren Kunden.

Sie mußte ja nicht um sie werben, es gab keine Alternative. Wer besaß damals schon ein Auto!
Das erste Aufatmen kam, wenn alles im Zug halbwegs verstaut und geschlichtet war, die Männer sich die Röcke auszogen und die Mütter den Reiseproviant hervorkramten. Wieder eine Lehre fürs Leben: Es wird einem nichts geschenkt, alles muß man sich verdienen.
Wer heil durch die Vorhalle des Bahnhofs gekommen war, konnte sich von Herzen auf zwei Monate ungetrübten Ferienglücks freuen.
Das alles ist nun schon lange, lange her. Aber ich spüre diese unbeschreibliche Vorfreude noch immer, wenn ich die Kinder am letzten Schultag aus der Schule kommen sehe, das Zeugnis in der Hand. Oder wenn ich am Franz-Josefs-Bahnhof vorbeigehe.
Nicht Westbahnhof. Nicht Südbahnhof.
Mein Tor zum Paradies war der Franz-Josefs-Bahnhof.
Sich dem Ziel langsam nähern, von Station zu Station, im Personenzugstempo, unter sich das Rütteln des Zugs spüren, das die Erwartung rhythmisch unterstützt, es nicht erwarten können, endlich anzukommen und dabei doch unbewußt die Lust der Verzögerung genießen – nein, so ein Gefühl ist mit nichts zu vergleichen.
Meist verkehrten heftig rußende Dampflokomotiven, aber dazwischen gab es schon den „Blauen Blitz“, mit Diesel betrieben, den zu erwischen etwas Besonderes war.
Die Dampflok pfiff, bevor sie über die Kampbrücke fuhr, die Diesellok hupte. Das war das Zeichen für die Reisenden, sich zum Aussteigen fertig zu machen. Für die Abholenden, sollten sie den Bahnhof noch nicht erreicht haben, hieß es, sich in Trab zu setzen, denn gleich war der Zug da.
Wenn wir dem Zug entstiegen waren, mußte das Gepäck, das wir im Abteil mitgeführt hatten, es war trotz der

Spedition Zaruba, mit der das große Gepäck, die Reisekörbe mit dem Geschirr, die Ballen mit dem Bettzeug und das von Vater so geliebte kleine Kanapee, vorausgeschickt wurde, immer noch viel, zu unserer Wohnung gebracht werden.
Meist war jemand zum Abholen gekommen, der beim Transport half. Manche Stücke wurden auf einen Schubkarren verladen (Schubkarrenfahren ist nicht leicht, man braucht dazu Kraft und Balance), oder man verstaute sie in einem Leiterwagerl. Manche Gäste hatten auch ihren Bauern, der sie mit dem Ochsenfuhrwerk abholen kam.
Die Väter fuhren zur Übersiedlung aufs Land im Zug mit, kehrten aber dann, wenn die Familien untergebracht wa-

Der Busserlzug

ren, wieder nach Wien zurück und begannen, meist nicht ungern, ihr Strohwitwerdasein.
Seinen Urlaub verbrachte mein Vater selbstverständlich bei uns. Und jedes Wochenende, wie die anderen Männer auch. Sie kamen mit dem „Busserlzug“, der in Wien Samstag nachmittag abfuhr, direkt, ohne Umsteigen, und daher besonders günstig.
Damals wurde ja am Samstag noch bis zu Mittag gearbeitet. An „Freitag Frühschluß“ dachte kein Mensch. Der Zug kam am frühen Abend an, die Väter stiegen aus, von ganzen Rudeln urlaubender Mütter und Kinder erwartet. Es regnete Begrüßungsküsse, aber auch Fragen: „Hast du uns was mitgebracht?“ Dann strebten die Familien auseinander, ihren Wohnungen zu, den jeweiligen Vater im Triumph mit sich führend. Am Abend würde man einander ohnehin wieder im Wirtshaus treffen.
Sonntag abend gab es die gleiche Zeremonie in umgekehrter Reihenfolge. Die Väter wurden verabschiedet, dann kehrte der Sommerfrischenalltag ein.
Der Bahnhof spielte in unseren Sommern eine wichtige Rolle, und der Spaziergang zum Bahnhof am Samstag, die Väter abholen, der Spaziergang am Sonntag, die Väter begleiten, war ein fester Bestandteil unserer Ferienwochen.

Ein anderer Ort der Begegnung, ein Zentrum der Geselligkeit, war, in unmittelbarer Nachbarschaft des Bahnhofs, die Restauration Wirth. Wenn nicht zu Hause gekocht wurde, meist wenn der Vater da war am Sonntag oder während seines Urlaubs, ging man zum Wirth essen. Die Bahnhofsrestauration Wirth sah nicht anders aus als viele andere Gasthäuser der damaligen Zeit in dieser Gegend. Das Besondere beim Wirth war die gute Küche: Hausmannskost vom Feinsten.

Herr Wirth betreute die Gäste, die kleine Erni und der große Sohn halfen beim Servieren. Langsam kamen wir in ein Alter, in dem uns männliches Aussehen interessierte, und so hieß er bei uns „der schöne Herbert“.
Es gab eine Kegelbahn, noch eine zünftige, holprige, mit Holzkegeln und mächtigen Holzkugeln. Manchmal halfen wir beim Kegelaufstellen. Das war gar nicht ungefährlich, man mußte flink sein und sich vor der heranrollenden Kugel schnell in eine Nische in Sicherheit bringen.
In meinem Planker Erinnerungsschatz gibt es eine Anzahl geheimnisvoller Gestalten. Dazu gehört die Köchin dieses Restaurants, an deren Kochkünsten wir uns viele Sommer erfreuten. Ich denke noch mit Wehmut an ihren Lungenbraten mit Nudeln, an das Schwäbische mit Nokkerln, ich habe noch den Geschmack der pikanten Sauce auf der Zunge, ich träume von den Torten, jede einzelne ein Gedicht.
Erst nachdem wir jahrelang begeistert dort gegessen hatten, zog der Wirt, auf Drängen meiner Mutter, diese wunderbare Köchin kennenzulernen, eine blasse, verlegen lächelnde Frau ans Licht des Extrazimmers und stellte sie als Erzeugerin all der Köstlichkeiten, Mutter seiner Kinder und seine Frau vor.
Sie nahm unsere Komplimente zart errötend entgegen, um dann sofort wieder in den Tiefen der Küche zu verschwinden.
Seither wurde sie nicht mehr gesehen.

Am Samstagabend, nach dem Nachtmahl, pflegte man sich beim Wirth zu treffen.
Es gab in der Sommerfrische viel Geselligkeit. Die Leute kannten einander seit Jahren, weil sie entweder dort ihre Sommerhäuser hatten oder ihren Vermietern die Treue hielten. Die älteren Jahrgänge trafen einander zum Ke-

geln oder zu einer Kartenpartie, die jüngeren gingen schwimmen oder rudern, spielten Tischtennis oder bereiteten einen Theaterabend vor.

Theaterspielen dürfte zu den beliebtesten Freizeitvergnügungen der Sommergäste gezählt haben. Man mußte sich die Unterhaltung selber machen. Vom Fernsehen war ja in jener grauen Vorzeit noch keine Rede, und das nächste Kino war in Gars und durchaus kein Vergnügen. Wer den Samstagabend in anregender Gesellschaft verbringen wollte, ging zum Wirth.

Neben dem Extrazimmer gab es einen Saal, in dem sogar ein Klavier stand. Dort traf man zusammen, alt und jung, und vergnügte sich, jeder auf seine Weise.

Die Eltern saßen bei Bier und Wein und plauderten. Die jungen Leute, etwa im Alter zwischen fünfzehn und zwanzig, von denen es eine ganze Schar gab, hatten es besonders lustig, so schien es mir wenigstens. Sie lachten und blödelten lautstark, sie tanzten, denn der Blöch-Pold war ein fabelhafter Klavierspieler, sie besprachen den nächsten Bunten Abend, sie spielten Gitarre und sangen.

Ein paar Namen, bei weitem nicht alle, sind mir noch im Gedächtnis geblieben: etwa der Sohn des Hauses, der schon erwähnte „schöne Herbert", die Denk-Zwillinge und ihre Schwester Inge, die Schutovits-Söhne, der Lehmann-Fritzl, der Pfeifer-Hardi, dann der Schöppl-Hermann und der Blöch-Pold.

Da saßen sie, beneidenswert erwachsen, und unterhielten sich.

Wir aber, die Wirth-Erni, die Kölbl-Trude und ich, die Kleinen, wir gehörten nicht dazu. Wir saßen an einem Tisch in der Ecke, blickten scheel, verschlangen die lustigen jungen Leute mit den Augen, spitzten die Ohren, daß uns nichts entging, und wurden von ihnen nicht

etwa schlecht behandelt, sondern, was schlimmer war, übersehen.
Gut, tröstete ich mich, zum Mittanzen und Mitwirken bei ihren Abenden sind wir vielleicht wirklich noch zu jung. Aber ich war eine gute Pingpongspielerin. Und als ich hörte, daß die Planker Jugend ein Tischtennisturnier plante, schwoll mir der Kamm. Da würde ich es ihnen zeigen!
Ich trainierte wie besessen und fühlte mich schon als Siegerin.
Zufällig wurde ich Ohrenzeugin eines Gesprächs. Ein paar der bewunderten Großen saßen am Kampufer und unterhielten sich. Sie hörten mich nicht kommen, und so kam ich gerade dazu, als die Denk-Inge sagte: „Aber die Kleinen lassen wir beim Turnier natürlich nicht mitspielen!"
Ein stechender Schmerz fuhr mir mitten durchs Herz: Wut, Enttäuschung, Scham.
Niemand hatte mich bemerkt. Ich zog mich leise zurück und sagte am nächsten Tag ohne Angabe von Gründen meine Nominierung beim Turnier ab.
Die anderen nahmen es achselzuckend zur Kenntnis. Ich aber war bis ins Innerste verletzt, so sehr, daß es heute noch weh tut. Und meine übertriebene Angst, nicht erwünscht zu sein, die mich auch heute noch manchmal überfällt, hatte vermutlich damals ihren Ausgangspunkt.
Die Denk-Inge hab' ich nie mehr unbefangen ansehen können.
Wie empfindlich ich in diesen Jahren war, zeigt ein anderer, an sich ebenso unbedeutender, lächerlicher Vorfall, der mich aber auch so tief getroffen hat, daß ich mich noch gut daran erinnere.
Es war an einem jener Samstagabende. Die Planker Society saß wie gewohnt im Saal beim Wirth, jemand spielte Klavier (diesmal nicht der Pold), und es wurde ge-

tanzt. Mein Vater hatte in diesen wirtschaftlich schwierigen Zeiten versucht, den Pold in seiner Firma unterzubringen, was seine Familie mit besonderen Dankgefühlen quittierte. Und wieder hörte ich zufällig – der Teufel hole mein gutes Gehör –, wie Mama Blöch ihrem Sohn zuflüsterte, er möge mich zum Tanzen auffordern.
Wieder durchzuckte mich ein Gefühl von Scham, von hilfloser Wut über die ganze Welt.
Der gutmütige Pold, durchaus gewillt, mit mir ein Tänzchen zu wagen, forderte mich auf. Ich habe natürlich abgelehnt mit „Danke, ich tanze nicht!“ oder so ähnlich. Er hat sich wahrscheinlich gewundert, aber keinen weiteren Gedanken darauf verschwendet. Wie halt Erwachsene so sind.
Meine Jungmädchensommer waren, so sorglos und heiter sie sich im Rückblick darstellen, doch angefüllt mit Empfindlichkeit, verletzten Gefühlen, Kränkungen, Zweifeln, mit allen Emotionen, durch die man hindurch muß, um ein Mensch zu werden, mühsam wie bei einer zweiten Geburt. Jeder hat das mitgemacht.
Seltsam nur, daß man schnell vergißt und bei dem eigenen Nachwuchs die gleichen Fehler macht wie seinerzeit unsere Eltern bei uns, die Sorgen der Kinder, ihren Kummer nicht ernst nimmt oder, was noch schlimmer ist, sich darüber lustig macht.

Ausnahmsweise Tirol

Nach den ersten Ferien in Plank wagten wir einen Versuch, in die große weite Welt zu fahren und Urlaub in Tirol, am Walchsee, zu machen.
Das war keine Sommerfrische mit Sommerwohnung und Selberkochen, wie wir es gewöhnt waren. Nein, wir wohnten, das erste Mal in meinem Leben, in einem kleinen Hotel, mit Vollpension. Ein ganz neues Urlaubsgefühl, besonders für meine Mutter, die sich ohne Haushaltführen etwas verloren vorkam.
Die westlichen Bundesländer waren für unsere Verhältnisse immer viel zu teuer gewesen, die blieben den Ausländern vorbehalten, vor allem den Deutschen, die deutsche Grenze war ja ganz nah.
Die deutsche Reichsregierung verhängte aber über Österreich im Jahr 1933 die sogenannte „Tausendmarksperre“: Jeder Deutsche, der Gelüste hatte, nach Österreich zu reisen, mußte eine Gebühr von 1000 Mark zahlen, was diese Gelüste begreiflicherweise sehr reduzierte.
Das war für den österreichischen Fremdenverkehr eine Katastrophe.
Um die Verluste in erträglichen Grenzen zu halten, warb man um den inländischen Gast. Die Preise wurden so weit herabgedrückt, daß sich meine Familie, zaghaft, aber doch, einen Urlaub im fernen Tirol leisten zu können glaubte.
Die Familie Baar wagte sich ebenfalls nach Tirol, in einen anderen Ort zwar, aber auch sie wollte von der günstigen Gelegenheit profitieren.
Dort gab es vieles, was mich stark beeindruckte: den See, das Kaisergebirge, einen feschen Wirtssohn, der beim Gitarrenspiel jodelte, ein lustiges Arzt-Ehepaar aus Wien, das sich ein wenig mit mir abgab und mich manchmal im Auto mitnahm, einen damals hochmoder-

Walchsee 1934: Die Familie in Tirol

nen Strandpyjama, den ich für die Reise in die elegante Welt bekommen hatte.

Einmal kam eine Gruppe englischer Touristen bei unserer Pension vorbei. Man wollte mir, die ich das ja lernte, englische Konversation entlocken und saß erwartungsvoll daneben. Ich genierte mich unendlich, lief rot an und blieb stumm.

Grießlermühle – Unterplank

Das neue Paradies · Haus, Hof, Garten · Übersiedlung und Haushaltführung · Der alte Müller und des Müllers Töchterlein · Der junge Müller · Die jugendlichen Gäste · Der Kamp · Schwimmen und Kahnfahren · Das Wehr · Pilotenschlagen

Im nächsten Sommer waren wir wieder in Plank. Von nun an hielten wir dem Kamptal durch viele Jahre die Treue.
Jetzt hatten wir auch ein Quartier gefunden, das allen Anforderungen entsprach, und die Frage: Wohin im Sommer? wurde nicht mehr gestellt. Von nun an hieß unser Paradies Grießlermühle.
Die Grießlermühle lag in Unterplank, beinahe am Ortsende. Durch ein großes Tor, über dem noch in verblichenen Buchstaben „Kunstmühle" zu lesen war, kam man in einen Hof, in dem Hühner, manchmal auch Gänse herumliefen. Der Hof war auf einer Seite vom Wohnhaus, auf der anderen Seite vom Mühlengebäude begrenzt. An der Schmalseite konnte man durch eine Tür in der Mauer in den Garten gehen, daneben stand ein windschiefes Bretterklo gleich neben dem Misthaufen. Dann gab es noch etliche Nebengebäude, eine Waschküche, die Säge. Hinter dem Wohntrakt lag eine große Wiesenfläche mit alten Obst- und Nußbäumen, um deren Pflege sich niemand kümmerte. Unter manchen standen rohe Holztische und Bänke, damit jede Gastfamilie einen eigenen Tisch haben konnte.
So war es anfangs gedacht. Im Lauf der Zeit verfielen auch die Tische und Bänke, man nahm es mit der Einteilung dann nicht mehr so genau, sondern ließ sich nieder, wo es noch möglich war. Oder im Liegestuhl, von denen jede Familie ohnedies einen oder zwei im Gepäck mitgebracht hatte.
Die Wiese reichte bis zum Kamp, sogar zwei Badehütten standen dort, gleich neben dem Wehr. Am gegenüberliegenden, am linken Kampufer führte die Straße vorbei, und dahinter stieg der Wald an, der „Tettenhengst". Kamp und Mühlbach schlossen unterhalb des Wehrs ein ziemlich großes Areal ein, wir nannten es „Spitz", sandi-

ger Boden, mit viel Akazien und Unterholz bewachsen, beinahe eine Wildnis.
Der sogenannte „Garten“ hatte nichts mit dem Ziergarten der Villa David gemeinsam. Hier war alles naturbelassen, hier durfte man Ball spielen, herumtoben, laufen, sich verstecken – ein ideales Terrain für einen Abenteuerurlaub.
Das Wohnhaus war, wie alle Mühlen der Gegend, groß und stattlich. Seinerzeit hatten die wohlhabenden Müller für sich und ihre Familien herrschaftliche Wohnräume geschaffen. Außerdem gab es wohl auch viele Dienstleute für die Mühle und die dazugehörende Landwirtschaft.
Die Zeiten hatten sich geändert, und seit keine Dienstleute mehr beschäftigt wurden, vermieteten die Besitzer jeden nur halbwegs bewohnbaren Raum an Sommergäste.
Ich kann nicht nachrechnen, wie viele Familien sich dort tummelten, mit Kindern selbstverständlich, denn für die war die Grießlermühle ja wie geschaffen. Leute ohne Kinder waren dort nicht anzutreffen, die suchten sich eine komfortablere Bleibe.
Die Gebäude waren in einem recht heruntergekommenen Zustand.
Im Parterre des Herrenhauses wohnten die Besitzer, im Halbstock gab es ein Plumpsklo, seltsamerweise mit zwei Öffnungen nebeneinander, einer großen und einer kleinen.
Im ersten Stock waren zwei Wohnungen zu vermieten.
Und im Nebentrakt, über den Stallungen, in denen nur mehr ein einsames Pferd vor sich hin schnaubte und stampfte und eine Kuh muhte, über eine ausgetretene Holztreppe zu erreichen, führten von einem offenen Gang etliche Türen zu ebenfalls vermieteten kleinen Wohnungen, jede bestehend aus Küche mit gemauertem Herd und Zimmer.
Die Einrichtung war spartanisch, die elektrischen Lei-

tungen lagen bloß und waren notdürftig mit Isolierband geflickt, die Schalter lebensgefährlich. Eine nackte Glühbirne baumelte von der Decke, nebst einem Fliegenfänger voller Fliegenleichen.
Die Holzbohlen des Ganges, von uns „Pawlatschen“ genannt, waren morsch, manche fehlten sogar schon. Pawlatschenbewohner lebten zwar billig, aber gefährlich.
Da außer Betten, Tisch und dem einen oder anderen Sessel und Kasten nichts an Ausstattung vorhanden war, mußte vom Geschirr bis zum Bettzeug alles mitgenommen werden, also auch Polster, Tuchenten und Decken. (Matratzen fanden sich in den Betten natürlich nicht, nur Strohsäcke.)
Fließwasser gab es höchstens im Kamp, das Wasser mußte vom Brunnen im Hof geholt werden, daher wurden auch Krüge und Wasserkannen mitgenommen.
Für alle Parteien auf der Pawlatschen stand nur das Bretterklo neben dem Misthaufen zur Verfügung. Seltsam, darüber hat sich nie jemand beschwert.
Es gab einen Keller, in dem Erdäpfel und der Haustrunk der Besitzer gelagert waren. Den Hausparteien wurden Plätze zugewiesen, sie durften Lebensmittel, die kühl gehalten werden mußten, dort aufbewahren, vorwiegend Butter und Milch in irdenen Gefäßen. Milch wurde auch oft sauergestellt. Das war eine köstliche Angelegenheit, an die ich mit Freuden zurückdenke. Der fette gelbe Rahm, der sich oben absetzte, durfte nur ganz heimlich gekostet werden, denn er wurde zum Kochen gebraucht. Die saure Milch allerdings war zum Genuß freigegeben. Ein Teil davon wurde zu Topfen verarbeitet, länger stehengelassen, in einem Mullsäckchen ausgepreßt und zum Trocknen aufgehängt. Das alles schmeckte halt doch besser als die Milchprodukte, die man uns heute in den Regalen der Geschäfte anbietet.

Die Übersiedlung in die Sommerfrische und wieder zurück verlangte generalstabsmäßige Planung. Das besorgte meine Mutter. In den geflochtenen Reisekörben konnte nicht alles untergebracht werden, Tuchenten und Pölster wurden extra zu Binkeln verpackt und teilweise sogar in Decken eingenäht.
Der Zaruba aus Horn wurde bestellt, das besorgte mein Vater. Der Zaruba kam pünktlich mit seinem Lastauto und verlud alles.
Im Lauf der Zeit ging eine solche Übersiedlung schon mit Routine vor sich. Hauptsache, es regnete nicht, denn das Lastauto war offen.
Mit diesen Unbequemlichkeiten hatten meine Eltern, besonders die Mutter, fertig zu werden. Sie und mit ihr auch die anderen Frauen quälten sich mit dem uralten Herd herum, der sich schwer heizen ließ, behalfen sich mit Spirituskochern, versuchten zwischendurch einmal, großen Waschtag zu halten und die Wäsche im uralten Kessel auszukochen, der in der Waschküche zur Verfügung stand, und im Mühlbach zu schwemmen, was mühsam war. Das Trocknen auf der Wiese zählte hingegen zu den angenehmeren Arbeiten. Ständig waren Wäschestricke gespannt zwischen den Bäumen, sie wurden von uns Kindern zum Ball-über-die-Schnur-Spielen verwendet, wenn nicht gerade Wäsche hing. Manchmal auch dann.
Die Frauen hatten sich angewöhnt, es mit der Haushaltführung unter diesen Umständen nicht so genau zu nehmen. Die Männer waren in der Stadt, wir Kinder ließen uns nur zu den Mahlzeiten blicken, und sich um uns zu sorgen hatten sie sich bald abgewöhnt.
Die Respektsperson, mit der die Erwachsenen uns schreckten, wenn wir es gar zu bunt trieben, wir, eine Schar Halbwüchsiger zwischen zwölf und achtzehn, in seligen Ferienwochen schon recht verwildert an Äuße-

rem und Sitten, diese Respektsperson war der alte Herr Grießler. Er verließ seine Wohnung kaum mehr, hauste irgendwo geheimnisvoll in den Tiefen der Hausherrenwohnung, sogar ein Zimmerklo hatte er, so raunte man, und konnte sehr böse sein, so hieß es. Bei unbotmäßigem Benehmen würde er uns die Wohnung nicht mehr vermieten im kommenden Jahr.
Das war nun tatsächlich eine wirksame Drohung, die uns eine Zeitlang gesittet werden ließ.
Im Märchen hat der alte Müller eine schöne Tochter, blauäugig, mit Haaren wie gesponnener Flachs, gar lieblich anzusehen.
Unser Müller hatte tatsächlich eine Tochter, Resi hieß sie, und sie war blauäugig, weißhäutig und wunderbar blond. Mit der Lieblichkeit haperte es ein bißchen. Sie war nämlich außerordentlich dick, ein Rubens-Typ, und durchaus nicht sanft, sondern recht hantig. Sie konnte keifen, daß wir uns wirklich vor ihr fürchteten. So war es zum Beispiel nicht erlaubt, Nüsse von den Bäumen zu holen (Marillenbäume gab es keine), Erdäpfel auf offenem Feuer zu braten oder mit Luftdruckgewehren auf Hendel zu schießen.
Wir taten's trotzdem, und daß wir uns dabei nicht erwischen lassen durften, verlieh der Sache doppelten Reiz.
Des Müllers einziges Töchterlein, um ins Märchen zurückzukehren, scheint wählerisch gewesen zu sein. Müller wollte sie keinen zum Mann (oder kein Müller wollte sie), Bauern erst recht keinen, obwohl etliche Felder und Wiesen zum Grießler-Besitz gehörten.
Einem Bankbeamten reichte sie die Hand zur Ehe, aus der Stadt, einem freundlichen, ein wenig seltsamen, introvertierten Menschen, der dem Bankwesen entsagt und es sich in den Kopf gesetzt hatte, Bauer zu werden. Wie

man erzählte, versuchte er sich das nötige Wissen aus Büchern anzueignen, was den gestandenen Bauern des Ortes nur ein geringschätziges Lachen entlockte.
Von der Landwirtschaft, die er hartnäckig weiter betrieb, hätte die Familie wohl kaum leben können.
Zum Glück fand sich dann doch ein junger Müller, zwar nicht als Ehemann, sondern als Pächter der Mühle, der den Betrieb wieder in Schwung brachte.
Außerdem erschloß sich eine mühelose Einnahmequelle durch den Verkauf von Sand, der sich zwischen Kamp und Mühlbach in feinster Qualität ablagerte.

In dieser Umgebung fühlten wir uns pudelwohl.
Die letzten Schultage, oft rechte Hundstage, vergingen nur schleppend. Wir zählten die Stunden, bis es uns endlich vergönnt sein würde, durch das große Tor Einzug halten zu dürfen ins Gelobte Land der Grießlermühle.
Das ist ja das Schöne, daß man sofort zu Hause ist und die Erholung ohne lange Eingewöhnungszeit beginnen kann, wenn man immer wieder denselben Urlaubsort besucht.
Meine Garderobe belastete unser Urlaubsgepäck am wenigsten. Kleider und Schuhe wurden nur selten und ungern angezogen. Ich stieg aus dem Bett in den Badeanzug und zog ihn erst beim Zubettgehen wieder aus, wenigstens an den meisten Tagen.
Barfußgehen war selbstverständlich. Am Ende der Ferien waren meine Sohlen schon so abgehärtet, daß ich ohne Schwierigkeiten auf einem Stoppelfeld gehen konnte. Und ohne Schuhe bei Regen zu gehen, auf der noch warmen Betonstraße oder auf vom Regen aufgeweichter Erde im Gatsch, war ein exquisites Vergnügen. Daß meine Beine vom Umherstreifen in Gestrüpp und Unterholz zerkratzt und vernarbt waren, läßt sich denken.

Zu Schulbeginn waren wir alle ziemlich verwildert und mußten erst langsam an die Zivilisation gewöhnt werden. Ein paar Jahre zuvor hatte ich mich danach gesehnt, in den Kreis der Oberplanker Sommerfrischenjugend aufgenommen zu werden. Nun, ein bißchen reifer an Jahren und auch räumlich ein wenig entrückt, war diese Sehnsucht vergessen.

Jetzt hatten wir unseren eigenen Kreis. Wir von der Grießlermühle waren uns selbst genug. Das Areal bildete eine Welt für sich, aus der wir uns nicht hinauswünschten.

Wir werden etwa zehn junge Leute gewesen sein, im Alter zwischen zwölf und achtzehn, genug an Zahl, um ein Match „Ball über die Schnur“ zu spielen. Wenn Not am Mann war, spielte schon einmal ein Erwachsener mit, Herr Baar war ein bewährter Einspringer, oder der Pepi-Onkel, wenn er zu Besuch da war.

Die engste Freundschaft verband mich nach wie vor, und nach der Trennung durch das Tiroler Intermezzo erst recht, mit Hermi und Bertl. Wir drei waren wirklich unzertrennlich und steckten von früh bis spät zusammen. Für ein stilles Einzelkind hat eine solche Gemeinschaft sehr viel bedeutet. Ich kann mich nicht erinnern, irgend etwas allein unternommen zu haben. Ohne Freunde war ich nichts.

Der Kamp spielte in unserem Tagesablauf eine Hauptrolle. An unserem Badeplatz, oberhalb des Wehrs, wo er besonders breit und tief war, schwammen wir mit großem Vergnügen.

Besonders gern sind wir auf dem Wehr herumgeklettert, haben uns auch manchmal flach hingelegt, das gab eine kräftige Massage. Unterhalb des Wehrs hielten wir uns kaum auf. Dort war das Wasser seicht, große Steine lagen

Plank 1937: Der Kamp spielte in unserem Tagesablauf eine Hauptrolle

herum, es war mühsam und reizlos, dort herumzusteigen.
Als sichtbares Zeichen unserer Seßhaftigkeit kaufte Herr Baar eines Tages einen Kahn, der in der Nähe unseres Badeplatzes festgebunden wurde und uns die Jahre hindurch erhalten blieb. Er stand zur Verfügung, wann wir Lust darauf hatten. Nur bei Hochwasser, nach heftigen Unwettern, hoben wir ihn auf die Wiese hinauf. Der langsam dahinfließende Kamp konnte sich schnell in einen reißenden Strom verwandeln, sein dunkles Braun wurde ein schäumendes Milchkaffeebraun, Äste und Balken trieben dahin, manchmal sogar ertrunkene Tiere. Vor solcher Naturgewalt mußte unser Kahn in Sicherheit gebracht werden.
Dem Hochwasser zuzusehen war ein faszinierendes Schauspiel. Besonders beim Wehr brauste und donnerte es gewaltig.
Die Eltern hatten bei solchen Verhältnissen strengstes Badeverbot verhängt, obwohl sie sonst in den Ferien mit den Verboten eher locker umgingen.

Wir hielten uns auch meistens dran.
Nur einmal hatten ein paar größere Burschen den kühnen Plan, während des Hochwassers im Kahn über das Wehr zu fahren, was ja bei Normalverhältnissen nicht möglich war. Eine Wahnsinnsidee, die sie auch durchführten.

Plank 1936: Das wichtigste Kleidungsstück war der Badeanzug

Die Erwachsenen, als sie davon hörten, liefen händeringend herbei und standen dann hilflos am Ufer. Das Unternehmen ähnelte den jetzt modernen Wildwasserfahrten, die trotz entsprechender Ausrüstung sehr gefährlich

sind. Unsere Knaben führten ihr Abenteuer damals ohne Sturzhelm, Schwimmweste und Schlauchboot durch. Sie saßen in der Badehose in dem alten Kahn, jeder ein Ruder in der Hand, kämpften gegen die Wellen an, die das Boot querstellen wollten, und ließen sich schließlich, mühsam Balance haltend, von den Wassermassen über das Wehr tragen. Sie kamen heil unten an, auch dem Kahn war wie durch ein Wunder nichts passiert.
Die Fahrt wurde allerdings nicht mehr wiederholt.
Wir drei, Hermi, Bertl und ich, betrieben die Schiffahrt solider. Man konnte die Auslegerruder benützen, allein oder zu zweit nebeneinander sitzend, dann ging's schneller, oder man verwendete nur das kleine Ruder, das war beschaulicher, man konnte hinten sitzen, in die Fahrtrichtung schauen und besser steuern.
Die übliche Route führte uns von unserem Anlegeplatz oberhalb des Wehrs flußaufwärts, unter der Brücke durch, vorbei an den Badeplätzen der Unterplanker Bürger, des Herrn Pfarrers – vorsorglich eingeplankt, um Hochwürden in der Badehose den neugierigen Blicken zu entziehen –, vorbei am Strandbad mit seinem rot-weißen Anstrich, bis zur Erlinger-Mühle, wo das durch das Wehr bedingte seichte Wasser die Schiffahrt erschwerte. Dort mußte man umkehren und in den heimatlichen Hafen zurückrudern. Flußabwärts ging es ja leichter, da half die Strömung mit.
Auf dieser Strecke kannten wir bald jeden Stein, jede Tiefe, jede Untiefe. Es wurde langweilig.
Wir beschlossen, ausgedehntere Fahrten zu unternehmen. Freilich, dank der vielen Mühlen gab es auch zahlreiche Wehranlagen, und jedes Wehr war der Schiffahrt hinderlich. Man müßte versuchen, den Kahn über das Wehr zu tragen. Leichter gesagt als getan. Es war eine schweißtreibende Schlepperei, bis wir das schwere Schi-

nakel aus dem Wasser und über die glitschigen Steine des Wehrs hieven konnten.
Weit kamen wir nicht. Nach zwei Wehranlagen hatten wir genug. Wir mußten schließlich den ganzen Weg in umgekehrter Richtung zurücklegen, wobei das Rudern direkt eine Erholung war gegen die Schlepperei. Es blieb bei dieser einen Expedition. Für weitere hatten wir die Lust verloren.
Auf Betreiben des jungen Müllers, der damals die Mühle übernommen hatte, wurde unser Wehr neu gebaut oder gründlich erneuert. Sogar die Piloten, wie man die dikken, schweren Pfähle nannte, wurden neu geschlagen.
Wir haben gern zugesehen, wie das vor sich ging: Ein paar kräftige Männer hoben den schweren Pflock an einem Metallring hoch – eins, zwei und drei –, dann ließen sie ihn heruntersausen und schlugen damit den darunterliegenden Pflock in das Wehr.
Das sicher uralte Arbeitslied, das sie dabei sangen, kann ich jetzt noch, wir haben es oft nachgesungen:

„Ans, zwaa und drei,
alt is net neu,
neu is net alt,
warm is net kalt,
kalt is net warm,
reich is net arm,
arm is net reich,
ungrad is net gleich,
gleich is net ungrad,
a Wagn vier Radeln hat,
vier Radeln hat a Wagn,
Piloten muaß ma schlagn.“

Und nach jedem Absatz gab es ein gewaltiges „Wumm!“, wenn der Pflock heruntersauste.

Wenn man mit dem Kahn den Kamp überquerte, war man gleich im Wald und ersparte sich den lästigen Umweg über die Brücke und den halben Ort. Das war praktisch.
Kahnfahrten hatten auch, da kamen wir allerdings erst im reiferen Alter darauf, ihre romantische Seite. Besonders in der Abenddämmerung.
Ich bin einmal mit dem Jugendlichen Liebhaber einer in Plank gastierenden Wandertruppe im Kahn sanft dahingeglitten, beinahe wie im Film. Romanze entwickelte sich allerdings keine. Auf der Bühne hatte der Mensch ganz passabel ausgesehen, in der Nähe wirkte er schon etwas abgenützt und angegraut. Seine Konversation ließ auch zu wünschen übrig, und außerdem mußte er zur Abendvorstellung.
Verführung mit lange anhaltenden Folgen fand allerdings während einer anderen Kahnfahrt statt.
Warum ich mit dem Erlinger-Karli allein im Boot fuhr, weiß ich nicht mehr.
Der Erlinger-Karli, der neue Müller, älter als wir, aber noch jung, lustig, im ganzen Kamptal bekannt und beliebt, ein Mann von Welt, hatte meistens Besseres zu tun, als mit mir eine Kahnpartie zu machen. Aber irgendwie ergab es sich doch, wir saßen im selben Boot, in der Abenddämmerung noch dazu. Der Karli bot mir weltmännisch eine Zigarette an, Asta mit rotem Mundstück, ich, weltgewandt, nahm sie, ließ mir damenhaft Feuer geben und rauchte sie. Zaghaft, aber mit dem Bewußtsein, falls mir schlecht würde, konnte auf dem Wasser nicht viel passieren.
Leider wurde mir nicht schlecht. Ich rauchte sie zu Ende. Meine erste.
Das war des Lasters Anfang.
Um den eintönigen Kahnfahrten einen neuen Reiz zu verleihen, dachten wir uns einen Jux aus. Wir wollten hinaufrudern bis zur Erlinger-Mühle, dann den Kahn um-

drehen, hineintauchen in den so entstandenen Hohlraum und uns, mit dem Schiffsbauch nach oben, flußabwärts treiben lassen. Die Leute am Ufer würden zusammenlaufen, an ein Unglück denken, an die gesunkene „Titanic“ erinnert werden, nach den Schiffbrüchigen suchen und uns im Inneren finden – ein köstlicher Spaß. Wir malten uns das in allen Details aus und unterhielten uns prächtig dabei.

Dann schritten wir an die Ausführung.

Das Umdrehen des Kahns erforderte ein gewisses Geschick. Er sollte ja nicht mit Wasser vollaufen und sinken, sondern aus dem Wasser gehoben, gleichzeitig umgedreht und dann, mit dem Bug nach oben, vorsichtig aufs Wasser aufgesetzt werden.

Es gelang vorzüglich.

Das Daruntertauchen war auch nicht schwer. Nun hingen wir also im Wasser, hielten uns an den Seitenwänden vorsichtig fest, über unseren Köpfen wölbte sich der Schiffsbauch, im Inneren herrschte gespenstisch gelbliches Licht. Wir trieben flußabwärts.

Zu sprechen trauten wir uns nicht, man sollte uns ja vom Ufer aus nicht hören.

Die Zeit verging. Wie weit waren wir eigentlich schon abgetrieben? Unserer Schätzung nach mußten wir das Strandbad längst passiert haben.

Ob wir genug Luft hatten in unserem U-Boot?

Draußen war alles still.

Merkwürdig: Spätestens beim Strandbad müßte ein herrenlos vorbeitreibender Kahn doch Aufsehen erregen!

Nichts regte sich. Wenn uns der Sauerstoff ausging?

Schön langsam wurde uns bange. Vielleicht würden wir ohnmächtig werden, flüsterten wir einander zu. Was sollten wir nur tun? Wir müßten für Luftzufuhr sorgen.

Aber wie?

Das Boot mußte eben gekantet werden, vorsichtig und nur so viel, daß ein bißchen Luft hereinkam.
Nach minutenlanger leiser Beratung lüpften wir unser U-Boot um ein paar Zentimeter und warfen bei der Gelegenheit gleich einen Blick zum Ufer, um zu kontrollieren, wie weit wir schon gekommen wären. Herbe Enttäuschung.
Wir hatten uns gründlich verschätzt, trieben noch immer im Zeitlupentempo weit oberhalb des Strandbads, kein Mensch hatte von uns Notiz genommen.
Das Unternehmen, das wir uns so aufregend vorgestellt hatten, war gründlich mißlungen. Es war uns zu langweilig, das Experiment fortzuführen.
Wir tauchten auf, kehrten den Kahn um, wieder von niemandem beachtet, und ruderten heim.
Beim Anlegen störten wir eine große Bisamratte, die sich empört, aber majestätisch schwimmend entfernte. Das war das Aufregendste an der ganzen Unternehmung.

Ausflüge, Spaziergänge und Orgien

Das neue Fahrrad · Gars · Kienast, Kino, Konditorei · Einkaufen in Plank · Blumen in der Gärtnerei · Der Sappert · Waldspaziergänge · Schwammerln und Haselnüsse · Verbotene Früchte · Abendspaziergänge · Der Onkel Gustav · Höhenweg · Tante Anna · Geheime Freßorgien · Die olympische Flamme

Eines schönen Samstags brachte mir mein Vater ein Fahrrad mit. Er hatte die liebenswerte Gewohnheit, uns bei seinen Wochenendbesuchen etwas aus der Stadt mitzubringen, nie aufgegeben. Meist waren es Obst oder Naschereien. Diesmal aber stieg er aus, ließ sich nur flüchtig umarmen und eilte sofort zum Gepäckwagen, um sein Mitbringsel beim Ausladen in Empfang zu nehmen. Es war ein nagelneues Damenfahrrad und hatte sicher eine Menge gekostet, doch wenn es um Aufwendungen für mich ging, griff er mitunter tiefer in die Tasche.

Das Fahrrad war ein kostbares, aber auch nützliches Geschenk, komplett ausgestattet mit Dynamobeleuchtung, Satteltäschchen für Werkzeug, Luftpumpe, Netz an den Hinterrädern – elegant und robust zugleich. Es hat unsere Eskapaden während der Planker Sommer mitgemacht, überwinterte auf dem Land (auch dies ein sichtbares Zeichen der Treue zu unserem Ferienheim, gewisse Dinge, die man in der Stadt nicht brauchte, bis zum nächsten Jahr „draußen" zu lassen) und hielt sich die Jahre hindurch bestens.

Daß dieses Fahrrad die Reise vom umkämpften Wien ins Salzburgische im Jahr '45 unbeschadet überstehen und dann noch lange im Ausgedinge beim Schuster in Michaelbeuern leben würde, nachdem es mir im Tauschhandel drei Paar Schuhe eingebracht hatte, all das konnten wir damals, auf dem Bahnhof von Plank, nicht ahnen.

Jedenfalls war ich selig mit meinem Drahtesel, schob ihn nach Hause, und dann ging's sofort ans Fahrenlernen. Der Pepi-Onkel, der wieder einmal zu Besuch draußen war, machte sich um meine Fahrkünste sehr verdient, auch Freund Bertl überwachte meine ersten wackeligen Versuche. Dann konnte ich's, und jetzt waren unserer Mobilität fast keine Grenzen mehr gesetzt.

Hermi und Bertl hatten ihre Räder schon länger, geerbt

von den älteren Geschwistern, und nun radelten wir drei eifrig und glücklich durch die Gegend.
Weiter nördlich als bis Horn oder südlich bis Langenlois, jeweils etwa sechzehn Kilometer, fuhren wir allerdings nie. Gelegentlich ging es vom Kamptal weg in die Bauerndörfer im „Landesinneren", mit seltsamen Namen wie Meiersch, Fernitz oder Freischling. Dort gab es keine Asphaltstraßen, man fuhr auf Feldwegen dahin, bei trokkenem Wetter holperte es gewaltig. Einmal aber war ich ausnahmsweise allein unterwegs, kam in ein Gewitter, stellte mich eine Zeitlang unter, dann wurde mir das langweilig, und ich fuhr los im strömenden Regen. Die Feldwege waren nicht mehr holprig, sondern bestanden nur aus schlammigem Brei und waren kaum befahrbar. Ich kämpfte mich durch, kam schweißgebadet von der Anstrengung und bis auf die Haut durchnäßt vom Gewitterregen zu Hause an.
Die Mutter schimpfte wie ein Rohrspatz. Das Rad hat es ausgehalten.
Im Lauf der Jahre eignete ich mir eine gewisse Gewandtheit beim Radfahren an. Trotz des damals geringen Autoverkehrs wurde ich aber, wenn mich gelegentlich ein Auto überholte, nervös und begann zu „geigeln". Entgegenkommende Fahrzeuge waren mir lieber.
Da wir oft auf steinigen Straßen über Land fuhren, ging uns manchmal im wahrsten Sinne des Wortes die Luft aus. Es mußte gepumpt oder das Ventilschläucherl ersetzt werden. Gab es gar ein Loch im Reifen, mußte man kleben. In derlei Dingen war ich sehr ungeschickt, aber zum Glück war immer irgendein Knabe zur Hand, der helfend einsprang. Besonders Bertl, die gute Seele. Der nahm sogar gelegentlich mein Rad komplett auseinander, putzte und ölte es und setzte es dann wieder zusammen.
Gars war unser beliebtestes Fahrziel.

Die fünf oder sechs Kilometer waren mühelos und schnell zu bewältigen, nur das Buchberger Bergerl brachte eine kleine Verzögerung. Wenn wir sportlich aufgelegt waren, traten wir es durch. Ansonsten stiegen wir ab und schoben die Räder bergauf.
Gars war gegen Plank beinahe eine Weltstadt. Dort gab es ein Hotel, ein Kaufhaus, ein Kino, Tennisplätze, eine Konditorei und sogar ein Park-Café.
Alles das hatte Plank nicht aufzuweisen.
In Gars machte eine gehobenere Publikumsschicht Urlaub. Im Hotel Kamptalhof, das behäbig, beinahe protzig im Zentrum des Ortes stand, wohnten elegante Leute, zu vergleichen etwa mit der Klientel, die den Semmering bevölkerte.
Dort paßte unsereins nicht hin, das war klar. Aber in das Kaufhaus Julius Kienast fuhren wir oft einkaufen, weil man dort manches bekam, was die Gemischte Warenhandlung des Herrn Sappert nicht aufweisen konnte.
Beim Kienast war es angenehm dunkel und kühl, es roch auch immer nach edlen Gewürzen.
Wir stellten die Fahrräder in den Ständer vor dem Geschäft, kauften ein, was uns aufgetragen war, und verstauten das Gekaufte dann auf dem Gepäckträger.
Wir Mädchen trugen beim Radfahren kurze Hosen, wie die Buben, weil das praktisch war, und dachten uns nichts dabei. Seit uns aber einmal in besagtem Kaufhaus eine böse Alte angekeift hatte, unsere nackten Beine wären unschicklich und würden Ärgernis erregen – sie drückte es weniger gewählt aus –, seit damals führten wir einen Rock auf dem Gepäckträger mit und zogen ihn zähneknirschend über unsere anstößigen Hosen, bevor wir den Kienast-Tempel betraten.
Ein paarmal machten wir einen Vorstoß ins Kino von Gars. Welche Filme man dort spielte, weiß ich freilich

nicht mehr. Sicherlich uralte, denn der Film riß zwei- bis dreimal während der Vorstellung. Dann wurde es Licht, das Publikum ging in den Hof und rauchte sich eine an. Wenn der Film endlich geklebt war, strömte alles wieder in den Saal, um die Fortsetzung zu sehen.
Zuerst fanden wir das lustig, aber bald verzichteten wir auf diesen fragwürdigen Kunstgenuß und legten das ersparte Geld lieber in Süßigkeiten an.
Wir gönnten uns gelegentlich einen Besuch in der Konditorei, obwohl es auch dort mit dem Genuß nicht weit her war. Mit dem vielversprechenden Wort „Konditorei" hatte der winzige Laden nicht viel zu tun. Es standen wohl ein, zwei weiße Tischchen dort, aber zu kaufen gab es außer trockener Mürbteigbäckerei, Schnitten und sauren Zuckerln höchstens noch ein Sodahimbeer.
Alles in allem war ein Besuch in Gars nicht besonders aufregend.
Wir freuten uns auf den Heimweg, denn diesmal konnten wir ja das Buchberger Bergerl hinuntersausen. Zu Hause angekommen sprangen wir gleich in den Kamp, um den Reisestaub abzuwaschen und die Annehmlichkeiten unseres Ferienheims zu genießen.

Mit dem Einkaufen war es in Plank nicht allzugut bestellt. Es gab einen Bäcker, den Macho, nicht weit von uns, nur über die Kampbrücke, den suchten wir täglich auf um Brot und Gebäck. Fleisch konnte man nur am Sonntag kaufen; nach der Messe kam ein Fleischhauer von auswärts und öffnete in der Nähe der Kirche eine Fleischbank. Dort deckte man seinen Bedarf für die Woche ein.
Zur Frischhaltung gab es in den meisten Häusern, also auch bei uns, einen Keller. Jeder Partei war ein eigenes Plätzchen zugewiesen. Wir bewahrten, wie schon er-

wähnt, auf unserem Platz Butter und etliche irdene Gefäße mit Milch zum Sauerwerden auf.
Fleisch kam bei uns kaum auf den Tisch.
Zum Sonntagsessen gingen wir ins Wirtshaus, immer noch zum Wirth, obwohl das jetzt von der Grießlermühle aus ein ziemlich weiter Weg war. Das Gasthaus Schiedlbauer, das gleich neben unserem Haus lag, besuchten wir nur, wenn es dort eine Lustbarkeit gab. (Die Wirte verwendeten übrigens lange Zeit zur Kühlung ihrer Lebensmittel und Getränke Eiskeller, in denen sie das Natureis, im Winter aus dem Kamp gehackt, aufbewahrten.)
Mehl und Grieß konnten wir in der Mühle kaufen, Eier und Milch, Erdäpfel und ein wenig Gemüse bei unserer Hausfrau. Salat und Gemüse konnte man auch in der Gärtnerei des Ortes erstehen. Mit Obst sah es schlecht aus, das brachte der Vater meist aus Wien mit.
Vom Gärtner stammten auch die Blumensträuße, die man abreisenden Gästen an der Bahn überreichte. Es waren, der Saison entsprechend, Dahlien, die in der Gärtnerei in vielerlei Formen und Farben gediehen und von der Gärtnerin zu Bouquets gebunden wurden, die alle gleich aussahen. Da konnte es dann schon geschehen, daß ein besonders beliebter Urlaubsgast bei seiner Abreise mit fünf, sechs solcher Einheitssträuße bedacht wurde. Herr Baar pflegte, kaum war der Zug über die Kampbrücke drüber, das Fenster zu öffnen und den ersten Buschen hinauszubefördern, in weitem Bogen, um so das ohnehin reichliche Handgepäck zu reduzieren.
Ich fand das herzlos. Und verschwenderisch obendrein.
Gars hatte seinen Kienast, aber Plank hatte seinen Herrn Sappert. Seine Gemischte Warenhandlung läßt sich am besten mit den Worten des Musjöh Weinberl aus Nestroys „Einen Jux will er sich machen“ schildern. In

seinem Laden war alles vorhanden, was der Mensch so braucht: Peitschenschnüre, Werkzeug, Schuhbänder, Schmierseife, Sauerkraut, Suppenpulver, Kaffee, Zucker, Blaudrucke für Schürzen, Schokolade, Karamellen, Schnitten, Zuckerln in einem hohen Glas auf der Budel gleich neben der Kassa, Strickwolle, Nähnadeln – ein unglaublich reichhaltiges Sortiment.
Herr Sappert kannte sich als einziger darin aus, er eilte geschäftig hin und her, immer beflissen und höflich, ein Scherzwort auf den Lippen, ein Zuckerl für die Kinder aus dem Glas herausfischend – ein Budelhupfer Nestroyscher Prägung.

Wir waren durchaus nicht nur per Fahrrad unterwegs, auch recht oft zu Fuß.
Spazierengehen, wandern in der waldreichen Gegend taten wir erst gern, seit es freiwillig und ohne Erwachsene vor sich ging. (Als kleines Mädchen, unter der Aufsicht der Eltern, schätzte ich die Ausflüge, das von oben verordnete „tief atmen!" nicht besonders.)
Freiwillig durch Wald und Flur zu streifen, wann und wohin wir wollten, machte die Sache gleich viel freudvoller. Wir gingen mit Vergnügen Schwammerln suchen.
Der dazu geeignete Wald auf dem Tettenhengst lag unserem Garten direkt gegenüber. Am einfachsten war es, mit dem Kahn über den Kamp zu fahren, ihn am anderen Ufer festzumachen und, wenn wir vom Wald genug hatten, damit wieder heimzufahren.
Die Ausbeute war verschieden. Parasolschwämme fanden sich meistens, die schmeckten paniert und gebacken wie feinstes Kalbfleisch. Ich hatte mich auf Herrenpilze spezialisiert und suchte verbissen, aber nicht immer erfolgreich. Herrenpilze machen sich rar, das ist ja ihr Reiz.

Einmal allerdings gab es durch das Zusammentreffen glücklicher Umstände wie richtige Feuchtigkeit und richtige Schwüle ein exorbitant gutes Schwammerljahr. Wenn wir sonst erst nach stundenlangem, mühevollem Herumsuchen einen solchen edlen Pilz gefunden hatten, mußten wir in diesem gesegneten Jahr achtgeben, daß wir nicht drauftraten. Wir zogen, mit Messern und Taschen bewaffnet, in den Wald und füllten die Behälter mühelos.
Einer von uns war zum Fährdienst eingeteilt. Man brauchte nur zu rufen „Überfuhr!", schon kam er angerudert, brachte Schwammerlsucher samt Fracht ans heimatliche Ufer, um die nächste Gruppe mit leeren Taschen hinüberzubringen zu neuem Tun.
Die vollen Zöger trugen wir zuerst in die Mühle, stellten sie auf die Waage, um sie dann mit dem stolzen Ruf „zwei Kilo siebzig!" der weiteren Verarbeitung zuzuführen.
Da solche Mengen von Pilzen nicht gleich gegessen werden konnten, dachten die Mütter an den Winter, an künftige Erdäpfelsuppen mit Schwammerln, und machten sich ans Trocknen.
Besonders auf der Pawlatschen waren die Frauen emsig mit dem Putzen und Schneiden beschäftigt. Dann legten sie die Pilze auf Papier zum Trocknen, manche wurden auch auf Zwirn aufgefädelt und zwischen den Pfeilern im Holzgang zum Trocknen aufgehängt. Die getrockneten füllte man in luftdurchlässige Säckchen.
Wohin man kam, duftete es betäubend nach Herrenpilzen.

Am rechten Kampufer, unterhalb der Mündung unseres Mühlbachs, gegen Stiefern zu, gab es ein Gebiet, das wir besonders gern aufsuchten, es hieß „die Grotzen" – wo-

her der Namen kommt und ob er überhaupt stimmt, weiß ich nicht.
Dort waren keine Häuser, keine Felder und keine Weingärten zu finden. Nur ein schmaler Weg lag zwischen Kamp und dem dahinter aufsteigenden Hügel. Eine wilde Gegend, in die sich kaum jemand verirrte. In die Grotzen gingen wir erst ganz am Ende der Ferien. Dort gab es nämlich Haselnußsträucher in Mengen. Leider reiften die Haselnüsse erst spät und ohne Rücksicht auf unsere Sommerferien. Wir rissen zwar etliche ab und schlugen sie zwischen zwei Steinen auf. Sie waren aber noch milchig weiß, von einem gelblichen Häutchen umgeben und schmeckten natürlich lange nicht so gut wie reife. Wir aßen sie trotzdem. Es hatte auch niemand etwas dagegen.
Die Nüsse in unserem Garten hingegen, die auch erst halb reif waren, durften wir nicht nehmen – oder uns nicht dabei erwischen lassen –, die gehörten der Hausfrau. Ihr Inneres (das der Nüsse) war auch weiß, von einem gelben Häutchen umgeben wie das der Haselnüsse und schmeckte nicht schlecht.
Um an den unschuldig weißen Kern zu kommen, mußte erst die grüne äußere Schale entfernt, dann die innere aufgeklopft werden. Ein mühevolles und verräterisches Beginnen: Das Grün färbte unsere ruchlosen Hände schwarz. Das Schwarz ließ sich tagelang nicht entfernen. Die Diebe versteckten ihre Hände hinter dem Rücken und gingen der Hausfrau aus dem Weg.
Verbotene Früchte schmecken am besten. Dieses Wort bewahrheitete sich auch, wenn uns auf unseren Streifzügen durch die Felder einmal ein Kukuruzkolben in den Fingern blieb oder wenn wir uns ein paar Erdäpfel aus der Erde gruben, um sie an einer verborgenen Stelle auf offenem Feuer zu braten.

Wäre das Stehlen nicht verboten gewesen, hätten Kukuruz, Nüsse und Erdäpfel längst nicht so gut geschmeckt.

Sehr beliebt waren bei der gesamten Sommerfrischlerjugend die Abendspaziergänge.
Man wanderte auf der Straße nebeneinander, Verkehr gab es ja kaum, langsam, unter Gekicher und Geblödel, traf gelegentlich auf eine andere Gruppe, ging auf der oberen Straße bis zum Bahnhof und kehrte dort um, schlenderte auf der unteren Straße, vorbei an der Erlinger-Mühle, an Kirche und Strandbad wieder zurück nach Hause. Mehr geschah nicht. Das war unser Korso, unsere Abendunterhaltung, und sie genügte uns vollkommen.
Wo sich die Straße gabelt, steht eine stattliche Mühle, Gustav Erlingers Kunstmühle, in Schönbrunnergelb gefärbelt. Im Kamptal gibt es naturgemäß viele Mühlen. Stattlich und imposant die Mühlengebäude, stattlich die Wohntrakte. Fast jeder Ort hatte mindestens eine. Dem Namen nach waren sie untereinander versippt und verschwägert; die Erlinger, Mantler, Schönbichler und wie sie alle heißen, begegnen einem kampauf, kampab und scheinen wohlhabende Leute gewesen zu sein.
Nicht alle konnten ihren Wohlstand in die heutige Zeit retten. Mit der Grießlermühle war es ja auch lange schlecht bestellt, die Familie hatte abgewirtschaftet, und die Mühle erholte sich erst, als sich ein neuer Besitzer fand.
Die Erlinger-Mühle aber war gut beisammen. Gegenüber der Mühle, auf der anderen Straßenseite, saß auf einem Balken ein fröhliches Männlein mit rundem Bäuchlein und spitzem Strohhütlein. Fuhr man mit dem Rad vorbei, lachte es freundlich und hörbar „hi hi hi!“ und sah aus wie eine Figur aus Grimms Märchen.
In meiner Erinnerung saß er täglich dort, Tag und Nacht,

was ja wohl nicht gut möglich gewesen sein kann. Auch jetzt, nach so vielen Jahren, schaue ich, wenn ich an der Mühle vorbeikomme, heimlich nach ihm aus und horche, ob ich nicht ein leises „hi hi“ höre.
Das war Gustav Erlinger, der Besitzer der prächtigen Mühle, der „Onkel Gustav“, wie ihn der Erlinger-Karli zu nennen pflegte. Von ihm hieß es, daß er der erste Automobilist des Kamptals war.
Offenbar hatte er sich damals schon aus dem Geschäftsleben zurückgezogen und den Betrieb übergeben, wie hätte er sonst so müßig dort sitzen können.

Ein besonders schöner Spaziergang, auch von den Erwachsenen sehr geschätzt, war der Höhenweg nach Oberplank. Er führte von der Grießlermühle nach links, beim Gasthof Schiedlbauer vorbei, bergauf. Am Anfang standen ein paar Villen, Zweitwohnsitze aus der Gründerzeit, dann hörten die Häuser auf, und es gab nur mehr Natur.
In einer der Villen wohnte die Tante Anna mit ihrer Schwester, zwei alte Damen, Überbleibsel aus einer anderen Welt. Sie waren mit der Familie Baar verwandt, und es ist gut möglich, daß die Anregung, Plank als Sommerfrische zu wählen, von ihnen ausgegangen ist.
Tante Anna, ich durfte sie auch „Tante“ nennen, hatte es mir besonders angetan.
Klein, zierlich, das schneeweiße Haar immer kunstvoll frisiert, stets sorgfältig gekleidet, mit Hut, Schirm, Handschuhen, Broschen, Ringen. Bis ins hohe Alter gesegnet mit einem ausgezeichneten Gedächtnis, erzählte sie mir in allen Einzelheiten von Abonnementvorstellungen in Burg- und Akademietheater, die sie gesehen hatte, wußte die Besetzungen noch genau zu nennen und so manche Anekdote aus Theaterkreisen. Für Zuhörer, die sich für

das Theater weniger interessierten, hatte sie eine Sammlung von Witzen parat.
Sie führte das sorgenfreie Leben einer Dame der guten Gesellschaft, denn sie bekam eine ansehnliche Pension nach einem hohen Beamten der Bundesbahnen, nebst Freifahrt auf sämtlichen Zügen und einem Kohlendeputat, das sie der Heizsorgen enthob.
Sie war, so hieß es, allerdings nur wenige Wochen verheiratet gewesen, dann war ihr Mann verstorben und hatte sie als junge Witwe, aber zeitlebens wohlversorgt, zurückgelassen.
Sie wurde sehr alt und ging nicht an einer Krankheit, sondern eigentlich an ihrer Eitelkeit zugrunde. Sie war, da muß sie etwa achtzig gewesen sein, gestürzt und hatte sich den Arm gebrochen. Mit dem Gipsarm konnte sie sich nicht mehr so frisieren, wie sie es gewöhnt war. Unfrisiert ging sie nicht mehr aus dem Haus. Weil sie nicht mehr aus dem Haus ging, wurde sie schrullig. Einmal vergaß sie, das Gas abzudrehen, wurde noch rechtzeitig entdeckt und gerettet. Bald danach stürzte sie in ihrer Verwirrung aus dem Bett, brach sich den Oberschenkel, und dann ging es mit ihr zu Ende.
Mit Tante Anna, die noch Josef Kainz als Hamlet gesehen hatte.

Der „Höhenweg“, wie wir ihn nannten, offiziell hieß er anders, war ein schmaler Feldweg zwischen Wiesen und Bäumen. Glockenblumen standen am Wegrand, Steinnelken, auch Klatschblumen, die wir auf dem Handrücken geräuschvoll zerdrückten, und Grashalme, die sich zum Pfeifen zwischen den Daumen gut eigneten.
Wenn man sich durch das Buschwerk zwängte, konnte man auf den Kamp und den Ort Unterplank hinuntersehen.

Plank 1939: Am Höhenweg

Der Höhenweg führte weiter durch den Wald, über eine schöne Waldwiese bis nach Oberplank.
So weit wanderten wir selten. Für landschaftliche Schönheit hatten wir damals noch nicht viel übrig. Wir gingen meist nur so weit, daß wir auf Plank hinuntersehen konnten.
Es gab dort ein behagliches Plätzchen, auf dem man gemütlich sitzen konnte, ohne gesehen zu werden, der Einschlupf durch Gebüsch und Himbeerstauden war nämlich nicht leicht zu finden. Das war unser geheimer Lieblingsplatz, den nur wir drei Unzertrennlichen kannten. Wir paßten auf, daß er geheim blieb und uns niemand dahin folgte. Dort saßen wir stundenlang beisammen und fühlten uns geborgen wie in einem Nest. Wir besprachen neue Pläne, etwa wie wir den großen Bruder zu einem Geländespiel gewinnen könnten, oder ob wir nicht einmal eine Hoch- und Weitsprungkonkurrenz abhalten sollten, oder doch lieber eine Venezianische Nacht mit Lampions auf dem Kamp. Das waren alles

wichtige Dinge, die erörtert werden wollten. Neue Ideen tauchten auf, wurden erwogen und wieder verworfen, immer unter Ausschluß der Öffentlichkeit. Erst wenn sie reif waren, wurden sie den anderen präsentiert.

Wir pflegten zu diesen Geheimsitzungen Proviant mitzunehmen wie zu einem Picknick. Keine Wurst- und Käsebrote freilich, sondern Naschereien. Die trugen wir im Lauf der Woche zusammen. Ich sparte auf, was mein Vater mitbrachte, ein bißchen Geld fiel von da oder dort ab, damit kauften wir beim Sappert Schnitten und Schokolade ein, soviel wir bekommen konnten. Und wenn wir einen Bunten Nachmittag veranstalteten, verlangten wir ganz offiziell und ungeniert statt Eintrittsgeld Süßigkeiten.

Besonders hoch im Kurs standen Neapolitanerschnitten. Die aßen wir schichtweise und freuten uns bei der trokkenen, faden Waffelschicht, die wie die Hostie bei der Kommunion schmeckte, schon auf die Haselnußcreme, die vorsichtig mit den Zähnen abgeschabt werden mußte. Dann kam wieder die hauchdünne Waffel, die Creme und so fort. Eine einzige Schnitte zu verzehren dauerte dank dieser Prozedur recht lange. Das war ja der Sinn: Verlängerung des Genusses durch Verzögerung.

Wir feierten in unserem Refugium regelrechte Freßorgien. Warum wir sie geheimhielten?

Vielleicht weil wir uns genierten oder weil wir nicht teilen wollten mit anderen oder einfach nur, weil das Geheimnisvolle den Reiz solcher Unternehmungen erhöhte. Wir waren am Vormittag oder am Nachmittag auf ein paar Stunden verschwunden und gingen niemandem ab. Zu den Mahlzeiten waren wir wieder da.

An einen einzigen großen Ausflug erinnere ich mich, an einen richtigen Gewaltmarsch, an dem alt und jung teilnahm, hauptsächlich natürlich die Sommerfrischler. Im Jahre 1936 fanden die Olympischen Spiele in Berlin statt, mit großem Aufwand und reichen propagandistischen Mitteln vorbereitet. Die Tradition schreibt vor, daß das olympische Feuer von Griechenland aus durch Läufer quer durch Europa bis zum Austragungsort gebracht wird. Der Weg, den die Feuerträger nehmen sollten, war mit deutscher Gründlichkeit festgelegt und bekanntgegeben worden. Die Flamme würde ganz in unserer Nähe vorbeikommen, in Horn, Datum und Uhrzeit waren genau fixiert. „Dort gehen wir hin!" wurde beschlossen.

In jener Zeit beobachteten die Österreicher ja mit Neugier, Interesse und meist auch mit Bewunderung, was sich im benachbarten Deutschland abspielte. Dem olympischen Feuer gleichsam von unterwegs einen Gruß mitzugeben nach Berlin war wohl die romantische Idee, die hinter diesem Entschluß stand.

Die Ausführung war aber nicht ganz leicht.

Der Läufer sollte nämlich in der Nacht durchkommen, und da fährt bekanntlich kein Zug, auch die bewährte Kamptalbahn nicht.

Horn ist von Plank etwa sechzehn Kilometer entfernt. Wir Kinder hatten die Distanz mit den Rädern spielend bewältigt. Aber die wenigsten Leute hatten ein Rad. Sechzehn Kilometer zu Fuß, das würde einen Marsch von vier Stunden bedeuten, was damals, als man noch nicht jeden Schritt mit dem Auto zurücklegte und das Gehen gewöhnt war, durchaus machbar erschien.

Wir brachen auf, als es schon dunkel war, eine ganze Schar von Kindern, Jugendlichen und Erwachsenen. Unterwegs kamen von allen Seiten neue dazu und marschierten mit. Aus den Orten, die wir durchwanderten, schlossen sich Gruppen an, man begrüßte einander, es wurde gescherzt, gelacht und gesungen. Die Stimmung war ausgelassen. Wir Kinder genossen den Wirbel besonders, denn auch die Erwachsenen waren lustig, was selten genug vorkam. Man traf Bekannte, wanderte ein Stück mit ihnen, verließ sie wieder und fand andere. Die Zeit verging schnell.

Dann waren wir in Horn. In den frühen Morgenstunden kam der Läufer durch. Manche Enthusiasten entzündeten mitgebrachte Kerzen an der olympischen Flamme und bewahrten sie zur Erinnerung auf.

Heimwärts ging es mit dem ersten Zug, die angebrannten Kerzen in den Händen.

Sport und rauhe Spiele

Die Sandgrube · Hoch- und Weitsprung · Geländespiele · Schießen mit dem Luftdruckgewehr · Die Pfeife, der Playboy und das Nachtleben · Regenwetter in Mühle und Haus · Gesellschaftsspiele und Gespenstergeschichten

Das zwischen Kamp und Mühlbach liegende dreieckige Stück Land bestand aus sandigem Boden. Dort wurde nichts angebaut; es gab trockenes, hartes Gras, einen verwilderten Weg und, dem Kamp zu, viele Sträucher und Akazienbäume, die gar nicht „Akazien" heißen, sondern „Robinien", wie man mir erst unlängst erklärt hat. Für mich werden es immer Akazien bleiben, und sich einen Dorn einzutreten, was uns öfter passierte, tat weh, Akazie oder Robinie.

Von den Sommergästen kam kaum einer hierher.

Da hatte jemand eines Tages die Idee (es muß ein Sportliebhaber gewesen sein, ich glaube, es war der Pepi-Onkel), der Sandboden wäre hervorragend geeignet, um eine Sprunggrube anzulegen und Hoch- und Weitsprung zu trainieren.

Wir waren sofort Feuer und Flamme.

Ein Stück Wiese wurde umgegraben, daß der Sand an die Oberfläche kam, ein Balken als Absprungbasis in den Boden eingestampft, zwei Pfosten aufgestellt, Nägel eingeschlagen, um die Schnur fürs Hochspringen darauf zu befestigen.

Die Sprunggrube war bald fertig. Sie mußte ja nicht besonders groß sein, denn Achtmetersprünge, wie sie uns der Jesse Owens vormachte, würden wir trotz eifriger Trainingsarbeit nicht so bald erreichen können.

Natürlich besorgten wir uns ein Maßband, um die ersprungenen Weiten registrieren zu können.

Fürs Hochspringen, meinte der Pepi-Onkel, sollten wir von Rechts wegen eine Latte verwenden, die bei der leisesten Berührung herunterfallen müsse.

Der Mühle war ein kleines Sägewerk angeschlossen, dort ließen wir uns eine Latte zurechtschneiden, so dünn es ging. Wir legten sie auf die beiden Nägel in den Pfosten vorsichtig auf, einer sprang probeweise, berührte die Lat-

te deutlich, zerkratzte sich das Bein, aber die Latte blieb oben.
Wir ließen uns eine noch dünnere, leichtere schneiden. Die fiel und zerbrach sofort. Nach ein paar weiteren Versuchen ließen wir's bleiben und kehrten zur guten alten Schnur zurück.
Ich liebte die Sprunggrube sehr. Von ihr erhoffte ich mir eine bessere Kondition und eine schlankere Figur. Schon in aller Früh stahl ich mich aus dem Bett, schlüpfte in den Badeanzug und rannte in die Sandgrube zum Morgentraining.
Hochsprung, Weitsprung, höher, weiter, ich rang um jeden Zentimeter. Allein und verbissen trainierte ich. Nicht so sehr, um besser als die andern zu sein. Ich wollte besser als ich sein beziehungsweise werden.
Nach dem Sprungtraining war das Bad im Kamp an der Reihe, besonders erfrischend in der Früh. Dann erst erschien ich zum Frühstück und mischte mich unter das Volk.
Selbstverständlich wurde ich durch die intensive sportliche Betätigung nicht dünner. Im Gegenteil, es wuchsen die Muskeln an Unter- und Oberschenkeln, und es wuchs auch der Appetit.
Von Schlankheit konnte keine Rede sein.

Die Zahl der Burschen und Mädchen in der Grießlermühle dürfte sich so ziemlich die Waage gehalten haben. Trotzdem kann ich mich in diesen Jahren nicht an ausgesprochene Mädchenspiele erinnern, im Gegenteil. Es ging immer recht rauh zu, und wir Mädchen taten überall mit, auch wenn es, wie man meinen sollte, Bubenspiele waren.
Im unwegsamen Gelände zwischen Kamp und Mühlbach fand manchmal ein Geländespiel statt, das der große

Bruder der Baar-Kinder eingeführt hatte. Die Spielregeln waren einfach: Zwei Parteien wurden gebildet, eine mußte versuchen, bis zum äußersten Spitz durchzukommen, die andere sollte sie daran hindern. Es gab Regeln, was erlaubt und was verboten war. Verboten war zum Beispiel, den Kamp hinunterzuschwimmen und sich dem Spitz von der Wasserseite her zu nähern. Details weiß ich nicht mehr. Ich erinnere mich nur an langwieriges, manchmal aufregendes, meist aber langweiliges Anschleichen durch das Unterholz, belästigt von Dornen, Käfern und Ameisen. Wir hatten ja alle Karl May gelesen und wußten, wie man sich beim Anschleichen zu benehmen hatte, robbten vorsichtig zentimeterweise auf Bauch und Knien, immer darauf bedacht, keinen Zweig zu bewegen und dem Gegner nicht aufzufallen.
Eindeutige Sieger waren nie festzustellen. Irgend jemand verlor plötzlich die Geduld, das Spiel war zu Ende, alle krochen aus ihren Verstecken hervor, wir gingen in schönster Eintracht in den Kamp schwimmen oder machten ein Feuer und brieten uns ein paar Erdäpfel. Keine gekauften natürlich.
Die Baar-Kinder besaßen ein Luftdruckgewehr. Damit veranstalteten wir gesittete, geordnete Schießkonkurrenzen auf sportlicher Basis, wobei auf Scheiben geschossen und die Punkte gezählt wurden. Die Scheiben bekam man beim Kienast in Gars zu kaufen.
Als sie vollgeschossen waren und wir keine Lust hatten, neue zu kaufen, wurde ich beauftragt, eine Zielfigur zu malen. Ich warf eine üppige Frauensperson, eine leicht bekleidete, an die Wand, auf die auch die reifen Herren mit Vergnügen schossen.
Übermütig, wie wir waren, wurde uns auch das bald langweilig. Wir hatten zwar strengen Auftrag von oben, von den Eltern, mit dem Gewehr vorsichtig umzugehen. Auf

Plank 1938: Zielschießen mit dem Luftdruckgewehr im Hof der Mühle

Menschen zu schießen, wäre uns ohnehin nicht eingefallen. Als aber in der Nähe des Misthaufens eine Ratte gesichtet wurde, versuchten wir, sie zu erlegen. Lange lagen wir auf der Lauer, trafen aber dann statt der Ratte ein Hendel, das auf dem Misthaufen herumstocherte. Es machte einen empörten Gackerer, rannte weg, trug jedoch keinen sichtbaren Schaden davon.

Von nun an, wenn uns der Teufel ritt und keine Respektsperson in der Nähe war, bekamen die Hühner gelegentlich etwas ab. Wir wollten ihnen nicht schaden, aber

das Geschrei, das sie, wenn sie getroffen waren, von sich gaben, war zu drollig.
Unsere Schießübungen fanden im Hof statt, zwischen Mühle und Wohnhaus.
Auch der junge Müller, der Erlinger-Karli, beteiligte sich manchmal daran, wenn ihm langweilig war. Wir waren gerade dazu übergegangen, aus größerer Entfernung auf Gläser, Blechdosen, Äpfel oder Glühbirnen zu schießen. Der Karli tat mit, obwohl er zum Schießen eigentlich eine Brille gebraucht hätte, die er aus Eitelkeit natürlich nicht aufsetzte. Er schoß mit uns um die Wette, ohne genau zu erkennen, worauf wir da alle schossen. Erst nach einem Treffer wurde es ruchbar, daß wir auf seine Stummelpfeife gezielt hatten, auch er.
Der Karli, eine Seele von einem Menschen, war uns nicht böse, sondern hat mit uns mitgelacht, der Gute. Er war ja selber noch ein junger Bursche, vielleicht nur um zehn Jahre älter als wir. Obwohl er die Mühle gepachtet hatte und so tüchtig war, daß er Schwung in das heruntergewirtschaftete Werkel brachte, betrachteten wir ihn nicht als Respektsperson, sondern als einen der Unseren. Er besaß schon ein Auto, eine Sensation in der damaligen Zeit, fuhr damit kampauf, kampab und war besonders bei den Damen sehr beliebt. Ein Playboy, wenn es das Wort in unserem Sprachgebrauch schon gegeben hätte.
In Altenhof, einem winzigen Ort zwischen Plank und Stiefern, führte die „schöne Wirtin“ mit ihren beiden Töchtern ein kleines Wirtshaus. Die Damen scheinen nicht den besten Ruf gehabt zu haben, sollen auch nicht schön gewesen sein – die Erwachsenen drückten sich da nicht recht klar aus. Es umgab sie jedenfalls, wie es sich für drei Frauen schon im Märchen gehörte, etwas Geheimnisvolles.

Der Karli fuhr mit seinem Auto öfter vorbei und kehrte dort ein, so hieß es. Genaueres konnten wir nicht in Erfahrung bringen.
Vermutlich fand dort das Nachtleben des Kamptals statt. Wir haben ihn natürlich nie über sein Privatleben ausgefragt. Uns hat es genügt, daß er uns, wann immer wir Lust hatten, in der Mühle herumsteigen ließ.
Wir hatten da so unsere Lieblingsplätze, wo wir besonders bei Regenwetter gern saßen. Eine Mühle in Betrieb ist ein geheimnisvoller Aufenthaltsort. Im Halbdunkel rüttelte, ächzte und klopfte es, feiner Staub lag in der Luft und natürlich auch auf unseren Kleidern. Man stieg über Leitern, blickte in dunkle Kästen, und überall roch es trocken und gut.
Wir saßen stundenlang in einer ruhigen Ecke und besprachen unsere nächsten Unternehmungen, fühlten uns geborgen, und höchstens der Karli wußte, wo wir waren.

In der Erinnerung sind alle Kindersommer heiß und sonnig. Ich allerdings denke gern an Ferienregentage zurück. Auch dann war es nämlich nicht langweilig. Durch ein bißchen Regen ließen wir uns nicht vom Ballspielen, Kahnfahren oder Springen abhalten. Schwimmen bei Regen gehörte sogar zu den exquisitesten Vergnügen.
Längerer, mehrere Tage andauernder Regen vertrieb uns dann schon vom Freien unter ein schützendes Dach.
In den Wohnungen hockten die Eltern herum und nahmen das schlechte Wetter übel. Denen war am besten auszuweichen. Die Mühle bot sich zwar als Refugium an, jedoch wollten wir die Langmut des Erlinger-Karli nicht über Gebühr beanspruchen.
Nun gab es im Herrenhaus im ersten Stock einen großen, quadratischen Vorraum, von dem aus Türen in zwei Wohnungen führten. Eine war von der Familie Baar ge-

mietet, die andere behielt sich die Hausfrau zu ihrer Verfügung, benutzte sie aber kaum.

Dieser Vorraum war unser Club, Kommunikationszentrum, Versammlungsort und bestens für Zusammenkünfte der verschiedensten Art geeignet.

Er war relativ groß, hatte wie alle Räume einen rohen Bretterboden, der von Zeit zu Zeit aufgewaschen oder gerieben wurde, und war völlig leer.

Sitzgelegenheiten brauchten wir keine. Wir hockten auf dem Boden, eventuell noch auf mitgebrachten Decken.

Die Anzahl der sich dort Einfindenden wechselte. Manchmal war die ganze Ball-über-die-Schnur-Mannschaft vertreten, manchmal waren wir nur zu dritt.

Zuerst spielten wir die bekannten, zahmen Gesellschaftsspiele, bei denen man Pfänder hergeben und sie am Ende auslösen muß.

Schon das Pfandhergeben war schwierig, weil wir ja außer dem Trainingsanzug kaum etwas anhatten, Ringe und Uhren nicht besaßen und außer Zopfspangen oder eventuell noch Sandalen nichts am Leib trugen, was als Pfand abzugeben gewesen wäre.

Das empfanden wir bald als unsinnig und kindisch. Die Spiele wurden wilder; da waren die großen Buben schuld, hinter denen wir nicht zurückstehen wollten.

Sehr beliebt war die „Knüppelschlacht“. Der Knüppel war kein Holzprügel, sondern, um die Sache zu mildern, ein Handtuch mit einem Knopf darin. Es begann eine wilde Jagd. Die Spielregeln weiß ich nicht mehr; jedenfalls drosch der, der den Knüppel hatte, damit wild auf alle ein, die er erwischte. Auch ein geknotetes Handtuch kann weh tun, wenn es mit Wucht niedersaust.

„Schinkenklopfen“ war ebenfalls kein sanftes Spiel.

Einer mußte „einschauen“ und dabei das Hinterteil in die Höhe recken. Die andern Spieler klopften der Reihe

nach drauf, und der Geklopfte sollte erraten, von wem er geschlagen worden war. Hatte er es erraten, schaute der Ertappte ein.
Man hätte dieses Spiel mit zartem Klopfen spielen können. Bei uns wurde allerdings ziemlich heftig gedroschen. Wenn der Hansl am Einschauen war, pflegte er, kaum hatte sein Schinken einen Klopfer bekommen, sich möglichst rasch umzudrehen, um den Schläger noch aus der Bewegung erraten zu können.
Das gelang ihm auch meistens. Einmal aber fuhr er so heftig aus seiner gebückten Haltung auf, daß er mit seiner Nase an den Ellbogen eines dort Stehenden stieß.
Der Ellbogen hielt es aus, die Nase nicht. Sie begann zu bluten und schwoll furchterregend an. Als die Schwellung nach Tagen zurückging, stellte sich heraus, daß das Nasenbein gebrochen war. Der junge Mann ging von nun an mit einer verbogenen Nase durch die Welt. An eine chirurgische Korrektur dachte damals noch keiner.
Am Abend, nach dem Nachtmahl, wenn es schon dunkel war, trafen wir oft im Vorraum zusammen. In Trainingsanzüge gehüllt, mit Decken und Pölstern versehen, machten wir es uns gemütlich. Beleuchtung brauchten wir keine. Durch das einzige Fenster fiel von draußen etwas Licht herein, vom Hof oder manchmal auch vom Mond.
Da lagen wir kreuz und quer, einträchtig, behaglich in unsere Decken gehüllt, und dann wurden reihum Gespenstergeschichten erzählt, erlesene oder erfundene, je schauriger, desto besser.
Hansl, der vielbewunderte große Bruder, konnte es am besten. Besonders gefiel uns die Geschichte vom König, der eine goldene Beinprothese trägt, die ihm abhanden gekommen ist, weshalb er ruhelos im ganzen Schloß herumspukt und heult: „Gib mir mein Bein, mein goldenes Bein!“ Das wurde lange ausgeschmückt, und als es ganz

dunkel war im Raum, die Spannung ins Unerträgliche gestiegen war, der König nochmals schaurig flehte: „Gib mir mein Bein, mein goldenes Bein!“, flog auf einmal ein harter Gegenstand durch den Raum.
„Da hast du’s!“ brüllte der Hansl.
Wir schrien vor Entsetzen auf, und dann begann eine wüste Balgerei, weil er, der Erzähler, mit unserem Entsetzen Scherz getrieben hatte.

Der Anfang vom Ende

Beim Schiedlbauer · Bunter Abend der Sommergäste · Unser Bunter Abend in der Grießlermühle · Der Krieg bricht aus · Ferienende und Abschiednehmen · Kriegssommer · Hansl und Bertl · Ende der Sommerfrische

Obwohl wir nun in Unterplank wohnten, riß der gesellschaftliche Verkehr mit Oberplank nicht ganz ab.
Mein Vater hatte noch seine Tarockpartie mit den Herren Blöch und Kölbl im Nachbargarten der David-Villa, man traf einander auf dem Bahnhof beim Busserlzug, außerdem gingen wir noch immer ins Restaurant Wirth essen, wenn Auswärtsessen angesagt war. Die Samstagabend-Runde der Oberplanker Jugend hatte jedoch ihren Reiz für mich verloren.
Wenn allerdings ein Kabarettprogramm über die Bühne ging, interessierte uns das sehr.
Gleich neben der Grießlermühle befand sich der Gasthof Schiedlbauer. Der hatte keine so gute unsichtbare Köchin wie der Gasthof Wirth. Die Küche beim Schiedlbauer war keine Attraktion, sehr wohl aber der große Saal. Wenn dort eine Tanzveranstaltung stattfand, gingen wir hin und mischten uns unter das ländliche Volk. Wenn eine Wanderbühne durch den Ort kam, stand kein anderer Veranstaltungsort zur Verfügung als der Schiedlbauer. Der hatte nämlich im Saal eine Bühne, womit der Wirth nicht aufwarten konnte. Gab es eine Theatervorstellung, eine seltene Abwechslung im Ferienallerlei, waren wir nicht zu halten.
Wir kamen freilich nicht ganz so auf unsere Rechnung wie noch vor etlichen Jahren beim Sima in der Kalvarienberggasse in Hernals. Ritterstücke wurden keine dargeboten, höchstens lustige Bauernschwänke.
Wir gingen natürlich trotzdem hin, schon aus Neugier. Der Unterhaltungswert scheint gering gewesen zu sein, weil ich mich so gar nicht daran erinnern kann.
Als aber die Oberplanker Jugend, zu der ich mich einst so hingezogen und von der ich mich so ausgeschlossen gefühlt hatte, zu einem Bunten Abend beim Schiedlbauer einlud, war ich ganz besessen, den Abend zu besu-

chen. Die Mitwirkenden waren immer noch dieselben, die am Samstagabend beim Wirth getanzt hatten. Der Altersunterschied bestand natürlich nach wie vor, und daß wir mitwirken könnten, wurde weder von ihrer noch von unserer Seite in Erwägung gezogen.
Merkwürdig, jetzt machte mir das nichts mehr aus.
Wir saßen erwartungsvoll auf unseren Plätzen, schauten genau zu und unterhielten uns prächtig.
Die jungen Künstler boten dem geneigten Sommerfrischenpublikum ein heiteres Programm mit vielen Blackouts, die alle sehr belacht wurden.
Der Höhepunkt war, so fand ich, der Lehmann-Fritzl, damals ein blonder, rotwangiger, blauäugiger Bursche mit einem Gesicht „wie Milch und Blut", pflegten die Damen zu sagen. Von ihm erzählte man, seine Mutter habe ein Gelübde abgelegt und ihn dem Himmel versprochen. Den Grund für das Gelübde weiß ich nicht, aber Fritzl trug damals schon eine schwarze Soutane, die ihm vorzüglich stand, und sang auf der Bühne lustige Gstanzeln, begleitete sich selbst auf der Gitarre und wirkte gar nicht asketisch.
Er wäre sicher ein beliebter Pfarrer geworden, der so manches fromme Frauenherz gebrochen hätte. Aber nach dem Tod seiner Mutter zog er die Soutane rasch aus und wurde ein ausgezeichneter Schauspieler.

Der Bunte Abend beim Schiedlbauer hatte uns so gut gefallen, ja begeistert, daß wir in der Grießlermühle etwas Ähnliches probieren wollten.
Ein kühnes Unterfangen. Der bloße Gedanke war berauschend. Von nun an hatten wir bei unseren geheimen Zusammenkünften wirklich etwas Wichtiges zu besprechen: einen Bunten Abend.
An den großen Saal beim Schiedlbauer dachten wir frei-

lich nicht. Klein muß man anfangen, nicht ganz Plank dazu einladen, sondern vorderhand die Sommergäste bei uns im Haus.

Als Ort der Veranstaltung bot sich unsere „Mehrzweckhalle“ an, der Vorraum im Herrenhaus. Hatte er unsere wilden Spiele und Gespenstersitzungen ausgehalten, würde er einen Bunten Abend spielend überstehen.

Freilich, Sessel müßten wir aufstellen, Erwachsenen konnte man nicht zumuten, auf dem Boden zu hocken. Und ein Programm zusammenstellen, ein lustiges, mit Musik und Tanz. Und Einladungen schreiben.

Die Probleme türmten sich.

Bei vielen stundenlangen Besprechungen, streng geheimen, in der Mühle, auf unserem Picknickplatz am Höhenweg, beim Kahnfahren, überall dort, wo wir nicht belauscht werden konnten, waren wir drei pausenlos am Planen.

Der erste Bunte Abend fand am 3. August 1939 statt. Wie der bescheidenen handgeschriebenen Einladung zu entnehmen ist, falls man die Kurrentschrift heute noch entziffern kann, war es ein zaghafter erster Versuch:

> Wir erlauben uns,
> Sie zu unserem
> Bunten Abend
> am 3. August 1939
> höflichst einzuladen.
> Ort: Vorraum, im Herrenhaus
> der Grießlermühle
> Beginn: 20 h Ende: nicht zu spät.
> Das Komitee.

Eintritt wollten wir keinen verlangen, aber Süßigkeiten wären uns sehr gelegen gewesen. Wir tüftelten lange hin und her, wie wir das unseren hoffentlich zahlreichen Besuchern taktvoll beibringen könnten.

Endlich wurde beschlossen, auf der Rückseite der Einladung zu schreiben: „Wir bitten um eine kleine süße Spende für das Buffet.“ Weil uns die Schnorrerei ein wenig peinlich war, überklebten wir diese Zeilen, aber nicht zu fest, weil wir damit rechneten, daß die Leute aus Neugier den schamhaften Papierstreifen wegkletzeln und unserer dezenten Bitte nachkommen würden.
Was auch geschah.
Von diesem ersten Abend ist mir nur in Erinnerung, daß die Stimmung gut war und der Erfolg so groß, daß im Publikum Stimmen laut wurden, der Abend müsse wiederholt werden, damit diejenigen, die ihn versäumt hätten, den Kunstgenuß das nächste Mal nachholen könnten.
Wir ließen uns nicht lange bitten und gingen mit vermehrtem Eifer und größerem Aufwand an die Sache heran.
Eile war geboten, die Ferien neigten sich langsam dem Ende zu. Als neuer Termin wurde der 24. August festgesetzt.

Mitwirkende und Darbietungen blieben im großen und ganzen dieselben. Ich wurde vom „Komitee“ beauftragt, attraktivere Programme zu zeichnen, was ich auch mit Hingabe tat. Ein Exemplar ist erhalten geblieben, und daher ist dieser Bunte Abend gut dokumentiert.
Tandelkramerei ist manchmal doch ganz nützlich.
Das Titelblatt, sogar mit Buntstiften koloriert, bringt einen Querschnitt durch das Programm: eine ungarische Tänzerin, einen Inder mit Turban, einen Akrobaten im Trikot, einen singenden und einen Balalaika spielenden Donkosaken, eine Sängerin und eine mäßig verschleierte Orientalin.
Alles das wollten wir darstellen.

1939: Bunter Abend in der Grießlermühle

Beim Begrüßungsgesang des „Gemischten Chors der Grießlermühle", wie ihn Programmpunkt 1 verheißt, wurde ein Scherzlied aus einem damals populären Liederbuch vorgetragen. Wir hatten es oft gesungen und fanden es sehr komisch. Ein Teil des Chores singt: „Oh, hängt ihn auf, den Kranz von Lorbeerbeeren!" Der zweite Teil des Chores schließt an: „Ihn, unsern Fürst, den wollen wir heut ehren!" Und dann geht es abwechselnd weiter: „Oh, hängt ihn auf", „Ihn, unsern Fürst", „Oh, hängt ihn auf" – „Ihn, unsern Fürst, ihn, unsern Fürst, den wollen wir heut ehren."

Die andern Strophen gingen ähnlich mißverständlich weiter, harmlos zweideutig und von uns laut und inbrünstig gesungen.

Die als Chorleiterin angekündigte Editha Puchnari hieß Edith, mit bürgerlichem Namen Puchner, und der weltberühmte Artist Erardo Puchnari war ihr jüngerer Bruder Erhard, ein dünnes Kerlchen, das unter der großen Schwester litt, die ihn und uns andere auch mit ihren larmoyanten „Eerhard!"-Rufen entsetzlich nervte.

Die Akrobatik fand hinter einer Decke statt, nur die Schuhe waren am oberen Rand zu sehen. Die Zuschauer sollten an einen waghalsigen Handstand glauben, aber dann fiel die Decke, und der kleine Erhard stand da, die Schuhe auf seine Hände gesteckt – er hatte die Akrobatik solcherart nur simuliert.

Was sich hinter dem Sketch von Punkt 3 verbirgt, weiß ich nicht mehr. Es wäre gut möglich, daß wir unsere unverwüstliche „Biene, gib mir Honig"-Szene wieder aufleben ließen. Denn daß wir uns einen Sketch angeeignet hätten, den die Konkurrenztruppe beim Schiedlbauer gespielt hatte, glaube ich doch nicht.

Es war nicht leicht, Edith und Erhard in unser Programm einzubauen. Eine große Stütze waren sie nicht. Aber wenn sie schon willig waren, mitzuspielen, mußten wir sie auch beschäftigen. Obwohl wir drei ja damals am liebsten den ganzen Abend allein bestritten und auch noch den Löwen gespielt hätten, um mit Shakespeares Zettel zu sprechen.

An die Gedichte ließen Hermi (Ermini Baarini) und ich (Durtlede Kizram) niemand anderen heran. Obwohl ich wirklich nicht weiß, welche Poesie wir damals zur Verfügung hatten, eines steht fest: aus meiner Feder stammte sie nicht.

Bei den Schattenspielen hinter einem Leintuch ging es darum, daß der Dr. Eisenbart dem Kranken aus dem Mund alle erdenklichen Gegenstände nebst einem langen Bandwurm herausholte.

„Die erste Zigarette" dürfte ähnlich unappetitliche Folgen gehabt haben, die im Schatten zu sehen waren. Es war eine Pantomime, da durften Erhard und Bertl in Aktion treten.

In der Pause machten wir uns über die mitgebrachten Süßigkeiten her. Zum Glück blieb vom Buffet noch etwas übrig für den nächsten Tag.

Im „Gesicht des Orients" war das ganze Ensemble beschäftigt. Ich hatte es ja gut: Als liebliche Suleika mußte ich nur mit dem Bauch wackeln und die Hände graziös bewegen. Edith und Hermi bildeten den Unterteil des Kamels, der kleine Erhard hockte auf Hermis Schultern und bildete den Höcker, ein Besenstiel war Kopf und Hals. Bertl und ich mußten den kunstvollen Aufbau mit Decken kaschieren. Dagegen war es ein Kinderspiel, aus den lustigen Geschichten von Franz Resl vorzulesen.

Das Balalaikaorchester bestand wieder aus uns allen fünfen. Die Klänge der Balalaika wurden durch Klopfen der Hand auf den beim Singen offenen Mund erzeugt. Und Bertl sang dazu „Unrasiert und fern der Heimat".

Wir hatten kein Klavier, keine Gitarre, nicht einmal eine Blockflöte, ganz zu schweigen von einem Grammophon. Jede Art von Musik mußte in irgendeiner Form von uns selber erzeugt werden.
Meist brachen wir in Gesang aus. Aber manchmal genügte das nicht.
Beim Csárdás hopsten Hermi und ich in kurzen Röckchen herum, wie wir uns halt einen Csárdás vorstellten, und sangen dazu den damals sehr populären Schlager von der Juliska aus Buda-buda-pest.
Um der Nummer mehr Schwung zu verleihen, bekam die Rhythmusgruppe (Bertl, Erhard und Edith) je ein Krügelglas in die Hand gedrückt, mit Messern drin, und mußte mit den Ellbogen fest an die Wand klopfen, daß es im Takt ordentlich schepperte.
Die Bemerkung „Bitte keine Blumen zu werfen!“ hatten wir hinzugefügt, weil wir uns an unser erstes Auftreten in der Loggia der Villa David erinnerten, als uns das begeisterte Publikum einen Blumenstrauß auf die Bühne warf, was wir damals mißverstanden und als Affront aufgefaßt hatten. Eine so peinliche Situation wollten wir lieber nicht heraufbeschwören.
Aber an Blumen hatte ohnedies niemand gedacht. Süßigkeiten waren uns wichtiger.
Die Kostümfrage lösten wir großzügig und phantasiereich. Badeanzüge, Leintücher, Decken, Strandanzüge wurden, so gut es ging, verwertet. Leider war just zu jener Zeit die gute Tante Reisser nicht greifbar, die hätte uns natürlich im Nu in die köstlichsten Kreppapierkostüme gehüllt. So aber mußten wir uns selbst behelfen.
In Wien war das Verkleiden leichter, da gab es viel mehr alten Plunder. In der Sommerfrische, wohin jeder nur das Minimum mitnehmen konnte, wurden an die Phantasie der Akteure und der Zuschauer größere Anforderun-

gen gestellt. Wir waren jedenfalls mit Begeisterung bei der Sache, sangen uns heiser und tanzten und spielten uns die Seele aus dem Leibe.
Die Erwachsenen nahmen die Vorstellung gnädig auf, sie lachten auch oft und applaudierten kräftig.
Allerdings, wir stellten es bei einer internen Nachbesprechung am nächsten Tag übereinstimmend fest: Bei der ersten Vorstellung vor zwei Wochen war die Stimmung besser gewesen. Die Erwachsenen, unser Publikum, waren, so kam uns vor, nicht so recht bei der Sache gewesen. Dabei hatten wir uns so viel Mühe gegeben!
Wenn man allerdings das Datum anschaut, an dem dieser zweite Abend stattfand – 24. August 1939 –, ist es nicht verwunderlich, daß die Stimmung gedämpft blieb.

Schließlich brach am 1. September der Krieg aus.
Er lag ja seit Wochen in der Luft, das allgemeine Unbehagen wuchs, die Erwachsenen standen beisammen und führten flüsternd ernste Gespräche, holten Meinungen der anderen ein. Eine große Nervosität befiel alle. Es würde bald etwas geschehen, das fürchtete man allgemein.
Wir, kaum sechzehnjährig, fühlten wohl die Spannung, die überall herrschte, als etwas Fremdes, Bedrohliches. Sorgen machten wir uns allerdings höchstens um das Gelingen unseres Bunten Abends.
Die Eltern freilich, die ja bereits einen langen, schrecklichen, entbehrungsreichen Krieg mitgemacht hatten, waren bedrückt. Drei Jahre zuvor hatten sie noch unbeschwert und voll Optimismus dem olympischen Feuer einen Gruß in das neue, vielversprechende Deutschland mitgeschickt. Drei Jahre sind eine lange Zeit. Inzwischen hatte die Welt ein anderes Gesicht bekommen.
Zwischen 1936 und 1939 waren auch wir Kinder älter

geworden, aber doch noch reichlich ahnungslos und nur mit unserer eigenen Entwicklung beschäftigt.
Hansl, der große Bruder, hatte schon maturiert und war auf dem Weg, Offizier zu werden, aber wir anderen schlugen uns noch mit Schule und Pubertät herum. Wir waren jedenfalls enttäuscht, daß im Publikum keine fröhliche Stimmung aufgekommen war, so sehr wir uns auch bemüht hatten.
Daß dies der letzte Abend war, an dem wir alle uns noch vollzählig zusammenfanden, ahnte freilich keiner von uns. Irgendwann ist alles einmal das letzte Mal, und es ist vielleicht ganz gut, daß man im vorhinein den Zeitpunkt nicht weiß.

Vorderhand gingen die Ferien zu Ende, und wie jedes Jahr stand die Heimkehr in die Stadt bevor.
Sosehr wir die Abreise in die Sommerfrische in den letzten und mitunter schon recht heißen Schultagen herbeisehnten, sosehr wir auch unser freies Leben auf dem Land genossen – nach zwei Monaten freuten wir uns wieder auf Wien. Auf die Wohnung, die Schule, die Freundinnen, auf Kino und Theater und auch darauf, daß jetzt wieder der Ernst des Lebens anfangen würde.
Das Ritual des Ferienendes war jedes Jahr gleich.
Die Mutter kaufte noch beim Bauern Linsen und Mohn, schnitt Holler von den Stauden, rebelte und kochte auf dem Küchenherd, mit dem sie am Ende des Urlaubs schon ganz gut umgehen konnte, ein, damit sie uns im Winter ein delikates Hollerkoch mit hineingeschnittenen Äpfeln, Birnen und Zwetschken vorsetzen könne.
Auch Eier, frisch von den Hendeln, legte sie in großen Gläsern ein, aus Falläpfeln machte sie Apfelmus, das ebenfalls in Einsiedegläsern die Übersiedlung mitmachen würde und uns den Winter versüßen sollte.

Die Gläser wurden sorgfältig zuerst in Zeitungspapier, dann in Tuchenten und Pölster gewickelt, bevor sie der Zaruba übernahm. Denn der besorgte natürlich auch den Rücktransport unseres umfangreichen Gepäcks.
Mein Fahrrad blieb im Schupfen stehen und überwinterte draußen, der Kahn wurde an Land gezogen und ebenfalls unter Dach geschleppt, wo er auf uns warten würde.
Abschiedsbesuche wurden gemacht. Während des Winters würde man sich gelegentlich in Wien sehen, nahm man sich vor. Aber spätestens nächsten Sommer bestimmt. Und gesund bleiben!
Wir gingen noch einmal unsere Wege ab, den Höhenweg, die Grotzen – die Haselnüsse waren noch immer nicht reif. Noch einmal beim Wirth das Essen genießen, dem Erlinger-Karli Lebwohl sagen, in den Stall gehen und dem Pferd Bauxi den Hals tätscheln, einen Sprung in der Sandgrube tun. Und noch einmal, aber diesmal wirklich zum unwiderruflich letzten Mal, in den Kamp springen.
Das noch nasse Badetrikot in den Koffer, unser Handgepäck in das Leiterwagerl. Irgend jemand würde das Wagerl vom Bahnhof wieder in die Mühle bringen, vielleicht der Ringhofer-Walter, der Sohn vom Vorstand, der zu unserem Freundeskreis zählte.
Der Hausfrau, dem Hausherrn die Hände schütteln.
Und jetzt Aufbruch zum Bahnhof, höchste Zeit, der Zug wartet nicht.
Oder nur sehr selten.
Wie damals, als dem Pepi-Onkel auf dem Weg vom Gasthof Wirth zum Zug der Henkel vom Koffer riß, der Onkel sich die Hand verletzte, das Blut notdürftig gestillt werden mußte, während der Zug in der Station stand, der Walter seinem Vater, dem Herrn Vorstand, von dem Malheur berichtete und der den Zug ein paar Minuten lang

anhielt, bis der Pepi-Onkel samt verbundener Hand und beschädigtem Koffer im Abteil verstaut war.
Das waren Zeiten!
Damals herrschte noch der österreichische Schlendrian. Aber seit wir, die „Ostmark“, ein Teil des Deutschen Reiches waren und das Kamptal im „Gau Niederdonau“ lag, war es aus mit der gemütlichen Schlamperei.
Wenn auch der Abschied von Plank im Jahre ’39 so wie immer war, mit viel Hallo auf dem Bahnhof, den üblichen Dahlienbuschen, mit Einsteigen und Winken aus dem Waggonfenster, so war doch irgend etwas anders als sonst. Jetzt hatte der Krieg begonnen, es würde ein kurzer, ein siegreicher sein, so wurde uns von oben versprochen, und man war nur zu sehr geneigt, daran zu glauben. Die Eltern blickten besorgt und gar nicht optimistisch drein, so daß auch unsere Vorfreude auf Wien einen leichten Dämpfer bekam.

Im Jahr darauf wurden die Sommerwohnungen wieder an dieselben Parteien vermietet wie eh und je.
Die Familien freilich waren nicht mehr komplett. Bei den Mädchen fehlte die eine oder andere, weil sie beim Arbeitsdienst war, die Burschen steckten erst recht in Uniform, Arbeitsdienst oder Militär.
Der Hansl hatte seine Militärakademie, die damals „Kriegsschule“ hieß, beendet und sich bereits als Leutnant in Polen sein Eisernes Kreuz erworben.
Wir alle, aber besonders die Mütter, lernten mit Lebensmittelkarten und Bezugscheinen umzugehen und die Wehrmachtsberichte im Radio zu verfolgen.
Aber sonst war alles wie immer.
Bertl und Erhard kamen für die Wehrmacht noch nicht in Frage und leisteten uns Mädchen Gesellschaft. Die Zeit, in der man die Fünfzehnjährigen von der Schulbank

weg holen würde zum Kriegseinsatz, war noch nicht gekommen. Der Krieg verlief erfolgreich und würde bald zu Ende sein, hoffte man.
Wir ruderten und schwammen, fuhren mit dem Rad, machten unsere gewohnten Spaziergänge. Die älteren Herren spielten Tarock, die Frauen pflegten ihre Kontakte zu den Bäuerinnen, um mit ein paar Lebensmitteln vom Bauernhof den Speisezettel anzureichern.
Die fröhlichen Samstagabende beim Wirth fanden kaum mehr statt. Die jungen Burschen waren eingerückt, die Mädchen arbeiteten im Dienste des Vaterlandes. Gelegentlich kam einer in Uniform auf Besuch, der wurde gefeiert und beim Abschied auf die Bahn begleitet.
Aber auch die Bahnhofsszenen waren nicht mehr fröhlich. Ich würde im kommenden Jahr die Matura machen, dann stand der Arbeitsdienst bevor, und dann später, während der Studienferien, der vorgeschriebene Fabrikseinsatz. Da würde ein Urlaub in Plank wohl kaum mehr möglich sein.
Einmal kam unser aller bewunderter Hansl auf Besuch, in Leutnantsuniform. Sie paßte ihm hervorragend, das Eiserne Kreuz trug er auf der Brust, seine Familie, besonders die Mutter, deren ganzer Stolz er immer gewesen war, umgab ihn auf Schritt und Tritt. Mein Vater photographierte ihn von allen Seiten: Inbegriff des jungen deutschen Offiziers.
Als wir beim Heuen der großen Wiese mithalfen, zog er seinen Zivilanzug an und tat mit. Wir waren glücklich, ihn in unserer Mitte zu haben.
Bertl, Hermis jüngerer Bruder, den ich auch immer als meinen jüngeren Bruder betrachtete, wirkte, obwohl schon sechzehnjährig, noch sehr kindlich. Ein Spätentwickler. Zwei Jahre später trug auch er Uniform und sah darin herzzerreißend jung und hilflos aus.

Plank 1940: Mithilfe beim Heuen

Als er mich besuchen kam, mußte ich ihm, das verlangte er, eine Beethovensonate auf dem Klavier vorspielen. Dabei schlief er vor Übermüdung ein, der kleine Soldat.
Es war ihm nicht vergönnt, erwachsen zu werden. Eine Karte aus Potsdam bekam ich noch von ihm in etwas nach links geneigter schülerhafter Kurrentschrift:
„Liebe Trude! Viele Grüße von einem Ausflug nach Berlin und Potsdam sendet Dir Bertl."

Und ein paar Unterschriften von den Kameraden. Der Poststempel lautet: „Erst siegen – dann reisen!“ über einem Eisernen Kreuz.
Nun, er reiste trotzdem, und nicht ganz freiwillig, nach Rußland, um zu siegen, vollgepumpt mit Idealismus und Phrasen. „Es ist nicht wichtig, daß ich lebe, wichtig ist, daß Deutschland lebt!“, soll er gesagt haben, wie mir seine große Schwester viele Jahre später erzählt hat.
Und in Rußland ist er dann gefallen.
Seine Schwester Hermi ist, kaum verheiratet, Witwe geworden, der Hansl hat einen Arm verloren und ist dann an den Folgen seiner sechsten Verwundung, eines Lungenschusses, knapp nach Kriegsende gestorben.
Damals freilich, im Sommer 1940, waren wir alle auf der großen Wiese beim Heumachen vereint. Die Resi, unsere Hausfrau, spendierte uns zur Jause selbstgebackenes Brot und einen Haustrunk.
Damals war unsere Welt zum letzten Mal noch in Ordnung. Ab nun sollte es keine Sommerfrische mehr geben. Aber das wußten wir noch nicht.

Nach dem Krieg

Eine neue Generation wächst heran · Grießlermühle und Kleinkinder · Urlaube anderswo · Kamegg

Der Krieg hatte die Welt verändert und natürlich auch uns, sofern wir ihn überhaupt überlebt hatten.
Jetzt war ich erwachsen, mit einem Beruf, einem Mann, einem Kind. Mit nach wie vor wenig Geld, aber keinen zwei Monaten Ferien mehr, sondern zwei Wochen Urlaub.
Wohin kann man mit einem einjährigen Kind fahren, wenn die Mittel bescheiden sind?
Das Kamptal war gleichgeblieben, welch ein Trost in dieser Zeit.
Die Grießlermühle nahm uns mit offenen Armen auf, noch ein wenig schäbiger geworden, aber sonst unverändert.
Weil die Pawlatschen für eine Familie mit Kleinkind nicht geeignet war, überließ man uns die viel leichter zugängliche Wohnung im ersten Stock des Herrenhauses, von dem gewissen Vorraum aus zu betreten, der uns Kindern so lange ein Ort der Begegnung gewesen war.
Sich in der primitiven Wohnung halbwegs einzurichten, das Kinderbett aufzustellen, den Herd in Gang zu bringen, alles das erforderte zum Glück so viel Aufmerksamkeit, daß ich keine Zeit hatte, mit Herzweh den Erinnerungen nachzuhängen, von denen gerade diese Räume so voll waren.
Die Sommergäste von früher fehlten, dafür wohnten andere da, Familien mit kleinen Kindern.
In der Mühle gab es jetzt eine tüchtige junge Müllerin, der Karli, der ehemalige Playboy, hatte geheiratet.
Der Garten, das Wehr, der Kamp waren wie damals und für Kinder immer noch bestens geeignet.
Auf dem Hof watschelte zwischen den Hühnern eine Gänseherde umher, das Wasser holte man immer noch vom Brunnen, die sanitären Anlagen waren beklagenswert wie eh und je.

Das Kind wurde zuerst im Sportwagerl herumgeführt oder kroch auf allen vieren in der Wiese herum. Eines Tages tat der Bub die ersten Schritte. Als meine Mutter nach zwei Wochen kam, um mich abzulösen, weil mein Urlaub zu Ende ging, tappte er ihr schon auf zwei etwas krummen Beinen aufrecht entgegen, was ihr Tränen des Entzückens entlockte.
Da er nun den ersten Schritt ins Erwachsensein getan hatte, sollte er statt der Babyfrisur einen männlicheren Haarschnitt bekommen. Ein Sommergast, Friseur von Beruf, einer jener Väter, die übers Wochenende hinauskamen, hatte seine Utensilien immer dabei, weil er den Buben am Samstag die Haare schnitt.
Er erklärte sich auch bereit, es bei dem meinigen zu tun. Ich setzte mich auf den Felsen beim Wehr, den Buben in der Badehose fest auf meinem Schoß fixiert. Der Friseur schnippelte an ihm herum, die Schere war kalt und unangenehm, der Knabe brüllte vor Schreck und ließ seinem Entsetzen auch sonst freien Lauf.
Zum Glück hatte ich den Badeanzug an.
Ich war in diesem Jahr oft am Wäschewaschen, denn von Wegwerfwindeln konnte damals noch keine Rede sein. Aber Wäschewaschen auf dem Land war ja fast ein Vergnügen. Geschwemmt wurde im Mühlbach an einer eigens dafür vorgesehenen und hergerichteten Stelle. Dort, wo früher die Sprunggrube gewesen war, standen jetzt Pfähle, zwischen denen man Stricke gespannt hatte, zum Wäschetrocknen ideal. In Luft und Sonne getrocknete Wäsche duftet bekanntlich besonders gut.

Im Jahr darauf fuhren wir wieder nach Plank, hatten zwar nicht Boot und Fahrrad, aber doch einiges Geschirr draußen gelassen, quasi als Pfand, daß wir wiederkommen würden. Jetzt war manches leichter geworden, seit

der Junior gehen konnte und keine Windeln mehr brauchte. Er lief auf eigenen Beinen herum, und ich mußte auch nicht mehr so viel waschen.
Freilich lauerten in einem solchen Areal auf Schritt und Tritt Gefahren, aber man kann ein Kind ja nicht ununterbrochen an der Hand führen, man muß loslassen können und auf den gewissen Schutzengel vertrauen.
Manchmal klappte das ganz gut. Etwa als ich den Kleinen inmitten der Gänseherde fand. Der Ganauser ging auf ihn los, er aber fuchtelte mit einem Stöckchen und den Worten „du! du!“ auf den Ganauser hin, worauf sich der verblüfft von dem kleinen Mann abwandte, ohne ihn zu zwicken. Hätte er ihn gezwickt, wären dem Buben vielleicht auf Lebenszeit Gänse und daher auch Gänsebraten verleidet gewesen. Nicht auszudenken.
Weniger glimpflich ging es ein anderes Mal ab.
Er war beim Herumlaufen im Hof gestolpert, hingefallen und hatte sich beim Sturz das Zungenspitzel abgebissen. Ich fand ihn brüllend und heftig aus dem Mund blutend vor. Wer selber Kinder hat, wird sich meinen Schreck vorstellen können.
Es dauerte eine Zeitlang, bis ich herausfand, was passiert war. Was tun?
In Plank gab es keinen Arzt. Die vielen Jahre unseres Aufenthalts war nie einer gebraucht worden.
In meiner Not lief ich erst einmal mit dem brüllenden und blutenden Kind in die Mühle, denn dort gab es ein Telefon. Die Müllerin rief den Gemeindearzt von Schönberg an, der für die ärztliche Betreuung der Gegend zuständig war. Der Dr. Brandstetter kam tatsächlich, so schnell er konnte, mit dem Auto vorbei, besah sich den Schaden, beruhigte vor allem mich und auch, so gut es ging, den kleinen Patienten. Behandelt konnte das nur an einem Faden hängende Zungenspitzel nicht werden,

sagte er. Nähen wäre nicht möglich, es müsse von selber wieder anwachsen. Das tat es denn auch.
Aber an die entsetzlichen Ängste von damals darf ich heute noch nicht denken.
Einmal, es muß in den achtziger Jahren gewesen sein, habe ich bei einer Lesung in Schönberg den Obermedizinalrat Dr. Brandstetter getroffen, längst in Pension, in

Plank 1949: Badeplatz für Kleinkinder unterhalb des Wehrs

Stockerau wohnhaft und in Schönberg nur auf Besuch. Da habe ich ihn angesprochen und, erstaunlich, er konnte sich noch an den Vorfall erinnern, nach so vielen Jahren! Anscheinend sind abgebissene Zungenspitzeln in der ärztlichen Praxis doch relativ selten.

Für die kleinen Kinder hatte man einen Badeplatz unterhalb des Wehrs eingerichtet, bei den großen Steinen, wo das Wasser seicht war. Oberhalb, im tiefen Wasser, fanden sich nur wenige Schwimmer ein. Kinder in den Altersstufen von zwölf bis achtzehn gab es jetzt nicht mehr in der Grießlermühle.

Ich freilich glaubte auf Schritt und Tritt die Freunde von damals zu sehen.
Die Sommerfrischenseligkeit, die ich wiederzufinden hoffte, wollte sich nicht mehr einstellen. Sicher: die Zeit bleibt nicht stehen, alles entwickelt sich. Man steigt nicht zweimal in denselben Fluß – welcher griechische Philosoph hat das gesagt? Alles fließt. Natürlich auch der

Plank 1949: Ins Tiefe darf man nur in Begleitung von Erwachsenen

Kamp. Die Jugendjahre sind uns dahingeflossen, viele Weggenossen von damals gibt es nicht mehr. So ist das Leben.
Aber das Herz darf einem schon ein bissel weh tun.
Die Periode der Sommerfrischen war überhaupt vorbei. Man sollte sich da keinen Illusionen hingeben.
Dafür gab es viele Gründe.
Statt der acht Wochen Schulferien standen uns, erwachsen geworden und berufstätig, nur kärgliche zwei Wochen zur Verfügung. Die mußten genutzt werden. Das Geld, das früher für zwei Monate Landaufenthalt reichen sollte, konnte jetzt in zwei Wochen verbraucht werden.

Sich in dieser knappen Zeit die Mühe des Selberwirtschaftens unter primitivsten Verhältnissen anzutun, war nicht sinnvoll. In diesen Urlaubswochen wollte man ausspannen, sich an den fertig gedeckten Tisch setzen, Neues sehen und erleben, jedes Jahr etwas anderes.
Man könnte sogar vielleicht einmal möglicherweise eventuell ins Ausland fahren, ans Meer . . .
Vor allem hatten wir auf einmal nach den Kriegsjahren, nach dem Abgeschlossensein, nach dem Einerlei eine unbändige Lust auf Abwechslung.
Freilich fuhren Besitzer einer Villa am Land, einer meist ererbten, immer wieder dorthin, oft zähneknirschend, den Familienbesitz konnte man schließlich nicht verkommen lassen. Aber die kleinen Leute, die so wie wir aufs Land gefahren waren, dort gegen bescheidenes Entgelt zur Miete gewohnt hatten, ohne Verpflichtung der eigenen Scholle gegenüber, die waren frei.
Den ersten Versuch, aus dem Sommerfrischenritual auszubrechen, hatten meine Eltern damals im Jahr 1934 gewagt, als wir sogar bis Tirol vorgedrungen waren und dort in Luxus und Vollpension unsere Tage verbracht hatten.
Nach dem Krieg, nach dem nicht ganz geglückten Versuch, an die Sommerfrischentradition in Plank anzuknüpfen, riskierten wir einmal einen Urlaub in der Wachau, dann in Salzburg, sogar in Kärnten, in preisgünstigen Pensionen und erschwinglichen Hotels, aber immerhin ohne die Fron der Haushaltführung.
Ganz ließ mich das Kamptal freilich nicht los.
Es mußte ja nicht unbedingt Plank sein. Plank war unter dem Blickpunkt der geänderten Ansprüche gar nicht mehr so ideal.
Was ich für meine Mutter, mein Kind und mich suchte, war ein Gasthof, der meiner Finanzlage entsprach, mit

Plank 1949: Die ersten langen Hosen

der Bahn leicht zu erreichen war und einen eigenen Badeplatz hatte. Den ganzen Hausrat mitzuschleppen, selber zu kochen – das kam nicht mehr in Frage, das wollte ich meiner nun schon betagten Mutter nicht antun, und mir selber erst recht nicht.

Wir hatten dem Kind zuliebe den Urlaub so geplant, daß zwei Wochen ich, zwei Wochen meine Mutter draußen war, der Bub also kontinuierlich vier Wochen auf dem Land sein konnte.

Endlich, nach langem Suchen und Herumfragen, war der Platz gefunden, der allen Anforderungen genügte: Kamegg. Zwischen Gars und Rosenburg gelegen, hatte es außer den kamptalüblichen landschaftlichen Reizen nichts zu bieten. Aber es gab ein Hotel, das einerseits direkt am Kamp, anderseits nur ein paar Schritte von der Bahnstation entfernt lag.

Normalerweise strebt man eine Wohnung direkt neben der Bahn nicht unbedingt an, aber für uns war sie ideal. Das Transportproblem war damit gelöst. Auf dieser

Strecke verkehrten auch nicht so viele Züge, daß es störend gewesen wäre.
Die Lage unmittelbar am Kamp war für Badefreudige wie wir besonders erfreulich. Es gab, wie in Plank, auch hier eine Badehütte zum Umkleiden, eine kleine Wiesenfläche zum Liegen und eine hölzerne Stiege zum Hineinsteigen in den Kamp.
Ich konnte, wie ich das so gern tue, schon vor dem Frühstück schwimmen gehen. Paradiesische Zustände, sollte man meinen.
Aber da bekanntlich nichts perfekt ist, gab es auch hier einen Haken, einen doppelten sogar.
Das Hotel wurde von einem jungen Mann, seiner Mutter und seiner Großmutter betrieben. Er hatte nichts zu reden, das Regiment führten die beiden Frauen, besonders die alte, und es war ein strenges.
Sie herrschten nicht nur über den Sohn, sondern auch über die Gäste. Man durfte sich nichts zuschulden kommen lassen, sonst wurde man niedergekeppelt. Abends länger als neun Uhr im Zimmer Licht zu brennen wurde nicht geduldet. Da keifte die Uralte laut und für alle hörbar, was denn das für eine Verschwendung sei bei den teuren Strompreisen. Und als es zum Abendessen Würstel mit Kohlrüben gab und jemand wagte, ein bißchen Senf dazu zu verlangen, wurde das strikt verweigert: Die Kohlrüben müssen gegessen werden, daher kein Senf!
Neulich bin ich vorbeigefahren.
Das Hotel gibt es noch, den Besitzer auch. Nicht mehr so jung wie damals stand er ein bißchen ratlos in der Tür des Restaurants.
Die strengen Herrinnen freilich sind längst dahin.

Ein ganz besonderer Sommer

Die Sommer der Kindheit ähneln einander.
Erst Erwartung auf die Ferien, das Aufs-Land-Fahren, dann eine lange Reihe von unbeschwerten Sonnen- und Regentagen, allmählich leichte Langeweile. Übersättigung, schließlich Vorfreude auf die Stadt, gemischt mit Bedauern, daß der Sommer zu Ende ist.
Und das Jahr für Jahr.
Die einzelnen sind im Rückblick kaum zu unterscheiden.
Ein Sommer nur fällt für mich aus diesem Schema heraus, hebt sich ab, leuchtend, unvergeßlich, paradiesisch. Ein einziger. Weil man im Garten Eden nicht ewig bleiben kann, bin auch ich sehr bald daraus vertrieben worden.

Ich war aus einem adretten Volksschulkind mit adrett gescheiteltem Kurzhaar zu einem dicklichen Backfisch geworden, unattraktiv, die dünnen Zöpfe bis zum nun schon zu meinem Leidwesen viel zu vollen Busen baumelnd.
Man hatte uns, meine beste Freundin und mich, im Alter von dreizehn Jahren zur Firmung geführt, im geschmückten Fiaker. In gleichen Kleidern aus rosa mattem Seidenstoff, dazu braunen Schuhen aus Sämischleder, und zur Feier des Tages trugen wir Stoppellokken.
Die Hermi schaute wunderschön aus in dieser Ausstattung, ich aber gefiel mir gar nicht.
Das Kleid trug ich selbstverständlich auch nach der Firmung als „schönes" Kleid weiter. Sogar einen Hut hatte ich mir zugelegt. Ein Photo zeigt mich in dieser Adjustierung: rosa Kleid, weißer Hut mit rosa Band, Zöpfe und ein bitterböses, mürrisches Gesicht, weil ich mir meiner Scheußlichkeit bewußt war.
Das Photo existiert nicht mehr. Ich habe es viele Jahre

später vernichtet, weil ich es auch damals noch nicht ertragen konnte.

In dieser Zeit hatten wir unsere Theaterspiele von Helden und Prinzessinnen, von Siegfried und Kriemhild, von Gunther und Brünhild und Kampf mit dem Drachen bereits aufgegeben.

Die große Kinoleidenschaft begann und damit die Sehnsucht nach der großen Welt, den eleganten Männern und mondänen Frauen.

Bertl, der kleine Bruder, zwar nur ein Jahr jünger als wir, aber in diesen Entwicklungsjahren meilenweit von uns Mädchen entfernt, durfte bei unseren neuen Spielen nicht mehr dabei sein.

Denn spielen taten wir nach wie vor, noch geheimnisvoller als früher.

Wir kauften uns bei der „Mulser“, der Papierhandlung gleich bei uns in der Nähe, Photos von Filmstars. Keine im Postkartenformat, wie man sie heute vertreibt. Man bekam damals halb so große wunderbare Hochglanzphotos, die wir uns leisten konnten, außerdem waren Porträts von Filmschauspielern manchen Schokoladen beigepackt. Die sammelten wir eifrig. Und spielten mit unseren „Filmbildern“, wie wir sie nannten, nach ähnlichen Regeln wie seinerzeit mit den Figurinen des Papiertheaters: Wir wählten uns aus allen vorhandenen unsere Akteure aus und begannen Handlungen zu erfinden, mit ihrem Mund zu sprechen.

Wie das vor sich ging und was wir sagten, läßt sich kaum vorstellen, nur Kinder können das. Mit dem Erwachsenwerden geht die Phantasie zu einem großen Teil verloren.

Wir ließen unsere Helden und Heldinnen leiden und lieben, vor allem lieben. Alles drehte sich um die Liebe, wie wir es im Kino so oft gesehen hatten und wie wir sie uns vorstellten.

Daß uns da niemand belauschen durfte, war klar. Nicht einmal unser sonst so enger Vertrauter, der Bertl.
Der Nibelungen-Film hatte uns seinerzeit stark beeindruckt, vor allem der wunderschöne Paul Richter als Siegfried. In den hatte ich mich schon als Volksschulkind verliebt und viele Jahre damit zu tun, die jungen Männer, die ich kennenlernte, an diesem Schönheitsideal zu messen.
Aber nun spielten die Filme, die wir uns gern ansahen, meist im gehobenen Gesellschaftsmilieu, die Herren trugen Frack und Smoking, die Damen wundervolle Abendkleider, Tüll, Satin und Taft. Die Farben waren zwar nicht zu sehen, aber ich malte sie mir aus, oh, ich konnte sie mir gut vorstellen! Liane Haid, Renate Müller, Jenny Jugo, Willy Fritsch, Gustav Fröhlich, Willi Forst . . . Und der geliebteste von allen: Adolf Wohlbrück!
Der war zwar nicht so schön wie Jung-Siegfried, aber er hatte etwas, das mich unruhig machte, mich magisch anzog, heute würde man es wohl „Sex-Appeal" nennen.
Von Sex hatten wir alle keine Ahnung, und aufgeklärt waren wir erst recht nicht. Meiner Mutter war alles Geschlechtliche peinlich, darüber zu reden brachte sie nicht übers Herz.
In den Filmen, die wir so liebten, ging es sehr gesittet zu. Nach den Irrungen und Wirrungen kam es meist zum Happy-End: langer Kuß in Großaufnahme, den wir im Geiste mitküßten.
Damit waren wir zufrieden und gingen beglückt nach Hause. Daß nach dem Kuß noch etwas kommen würde, und was das wäre, daran verschwendeten wir keinen Gedanken.

Die älteren Geschwister, Grete und Hansl, traten nur

sporadisch in Erscheinung. Sie waren uns um Jahre voraus und kamen bis auf wenige Gelegenheiten für uns als Spielgefährten nicht in Frage.
Zu Grete hielten wir Distanz. Sie ging schon in die Lehrerbildungsanstalt und schwärmte heftig für einen Lehrer. Dagegen konnte nichts eingewendet werden, dafür hatten wir Verständnis. Aber sie schwärmte laut und exaltiert. Das störte uns, die wir ja Gefühle nur unter Ausschluß der Öffentlichkeit abhandelten bei unseren Spielen im stillen Kämmerlein. Grete mit ihrem Überschwang war uns peinlich.
Hansl hieß eigentlich anders, wurde aber vielleicht so gerufen, weil das besser zur Schwester Gretl paßte, und war vier oder fünf Jahre älter als wir. Wir jüngeren Kinder bewunderten ihn alle rückhaltlos.
Ihm nahmen wir es nicht einmal übel, wenn er unsere Spiele belauschte. Im Gegenteil: Wenn wir das Gefühl hatten, daß uns hinter der Glastür, vor die wir eine Dekke gehängt hatten, ein Auge beobachtete, nahmen wir an, er sei es, und das verursachte uns ein aufregendes Prickeln.
Hansl, er ging ins Humanistische Gymnasium und lernte bereits Griechisch, war unser großes Vorbild. Er konnte alles, er wußte alles, und er kam auch optisch unserem Ideal, dem jungen Siegfried, sehr nahe.
Wenn er sich herabließ, mit uns zu spielen, war das eine Ehre und ein Fest für uns. In unsere Theaterspiele weihten wir ihn freilich nicht ein, die gehörten nur uns; wir hatten eine beinahe ehrfurchtsvolle Scheu vor ihm und fürchteten darum seinen Spott.
Er hatte uns – ich habe es schon erzählt – ein Spiel beigebracht, die „Knüppelschlacht“, nichts für Zartbesaitete. Das konnte nur stattfinden, wenn die Eltern außer Haus waren. Es ging dabei sehr grob zu, man jagte durch

die Zimmer, über die Ehebetten, rund um den Tisch, Sessel fielen krachend um, und wer erwischt war, wurde schonungslos verdroschen.
Dann läutete es an der Eingangstür, die Nachbarin von unterhalb stand draußen, die Frau Czerny, und beklagte sich über den Lärm. Während des Herumjagens horchten wir immer mit halbem Ohr nach dem Klingelzeichen. Das Erscheinen der Czerny gehörte nämlich dazu und verlieh dem Spiel einen zusätzlichen Reiz.
Wenn die Czerny dagewesen war, endete das Spiel.
Einmal waren bei der Balgerei der Hansl und ich aneinandergeraten. Wir hielten uns wie im Ringkampf eng umschlungen und begannen die übliche Ranglerei. Plötzlich aber hörten wir beide auf zu ringen und schauten einander mitten in der Umarmung erstaunt an, als würden wir uns zum ersten Mal sehen.
Es dauerte nur eine Sekunde.
Dann lösten wir uns mit einer halb derben, halb verlegenen Bemerkung voneinander.
Mein Herzklopfen kam wohl vom heftigen Herumraufen, meinte ich.

Die Ferien standen vor der Tür, und es würden diesmal traurige werden. Die Familie Baar wurde Plank untreu und würde nach Tirol fahren. Das hatte die Grete durchgesetzt, und die anderen fügten sich. Auch Frau Baar liebte die Berge. Daß ihr die Höhenluft nicht bekommen würde, wußte sie damals noch nicht.
Wir, meine Eltern und ich, übersiedelten in die Sommerfrische, wie jedes Jahr. Die ersten Ferientage vergingen, aber ohne die vertrauten Freunde kam ich mir nur halb vor. Ich ging lustlos herum, im Hof, im Garten, und machte ständig ein mürrisches Gesicht, was meine Eltern ärgerte. Schließlich brachten sie beträchtliche Op-

fer, um mir einen Landaufenthalt zu ermöglichen, und dann dankte ich es ihnen mit schlechter Laune.
Eines Tages, es war noch ganz am Anfang der Ferien, wanderte ich mit ihnen auf der Straße zum Restaurant Wirth, unlustig und verdrossen, weil ich nichts mit mir anzufangen wußte und mich auch die Aussicht auf die köstliche Wachauertorte nicht aus meinen trüben Gedanken reißen konnte.
Auf einmal – ich traute meinen Augen nicht – kam uns eine Gruppe entgegen, die mir bekannt vorkam. Es durchzuckte mich wie ein Blitz: Sie waren es! Sie waren es! Die komplette Familie Baar. Nur Grete fehlte, die war in Tirol geblieben, aber die ging mir ohnedies nicht ab.
So schnell und so freudig bin ich in meinem ganzen Leben nicht gerannt. Ich flog geradezu auf sie zu, jubelnd und mit ausgebreiteten Armen. Ein unsagbares Glücksgefühl hatte mich ergriffen. Sie waren zurückgekommen, sie hatten sich für Plank entschieden, sie würden die Ferien hier verbringen!
Und dann begann ein Sommer, der sich nicht beschreiben läßt.
Vorderhand war alles wie sonst. Wir nahmen unsere Tätigkeiten auf, ließen den Kahn ins Wasser, spannten die Schnur zum Ballspielen, schwammen im Kamp, machten unsere Spaziergänge und Radausflüge.
Es war alles wie sonst, und doch schien mir alles anders zu sein. Etwas hatte sich verändert, aber ich wußte nicht, was.
Einmal, als ich meine Freundin in der Wohnung im Herrenhaus suchte, fand ich statt ihr nur den großen Bruder.
„Ist die Hermi da?“
„Nein.“
Früher wäre ich sofort gegangen, um sie anderswo zu suchen. Diesmal blieb ich wie angewurzelt stehen.

Wir waren beide ohne ersichtlichen Grund plötzlich verlegen.
„Du bist eigentlich ein recht nettes Mädel, weißt du das?“ sagte er so nebenbei, mit einer ganz fremden, heiseren Stimme.
„Und du bist ein Depp!“ versuchte ich schnippisch zu sein und war schon bei der Tür draußen.
Atemlos, selig, wie auf Wolken. Er, er mit Großbuchstaben, der bewunderte Hansl, unser junger Siegfried, fand mich, die ich mit meinem Spiegelbild so oft haderte, nett!
Kurz darauf trafen wir auf der Stiege des Herrenhauses zusammen, dort, wo es besonders dunkel war. Und plötzlich lagen wir uns in den Armen und küßten uns. Auf den Mund! Nie hatte mich jemand auf den Mund geküßt. Bei uns zu Hause küßte man nur auf die Wange, vermutlich der Hygiene wegen oder weil Mundküsse als zu intim empfunden wurden. Dies aber war ein richtiger Kuß. Wie im Film, bevor der Billeteur die Türen öffnete.
Wie lange dieser mein erster Kuß gedauert hat, weiß ich nicht. Ich hatte jedes Zeitgefühl verloren. Die Redensart „es schwanden ihr die Sinne“ kommt meiner Situation recht nahe. Wir hielten uns eng umschlungen, und der Kuß dauerte ewig oder eine Sekunde – es war einfach unbeschreiblich. Irgendwie heilig. Wie Gottesdienst mit Wandlung. O Herr, ich bin nicht würdig . . .
Trotz des Entrücktseins fuhren wir doch beide auseinander, als wir Schritte hörten.
Ohne ein Wort zu sprechen, ließen wir voneinander ab und gingen unserer Wege, als ob nichts geschehen wäre.
(Jahre später kam mir eine Loewe-Ballade zu Gehör, ich sang die erste Strophe manchmal vor mich hin, wenn ich allein war:
„Die Treppe hinuntergeschwungen komm ich in vollem

Lauf. Die Treppe emporgesprungen kommt er und fängt mich auf. Und wo die Treppe so dunkel ist, da haben wir uns geherzt, geküßt.
Vielmal uns geherzt, vielmals uns geküßt.
Und niemand hat's gesehn."
Diese Worte eines mir unbekannten Dichters treffen die Situation von damals haargenau. So einmalig, wie sie mir vorkam, dürfte sie doch nicht gewesen sein, wenn sie der Poet noch vor meiner Zeit zu Papier brachte und der große Loewe sie vertonte.)
Es hatte tatsächlich keiner gesehen, und wir ließen uns auch weiterhin nichts anmerken.
Wir führten nun eine Art Doppelleben: die normalen Ferienaktivitäten setzten sich fort, Kahnfahren, Schwimmen, Beeren- und Schwammerlsuchen, Radfahren, Ballspielen, alles im gewohnten Freundeskreis.
Hansl tat zwar jetzt öfter mit als früher, was den anderen aber kaum auffiel. Er war der Star, der Anführer, der Mannschaftskapitän, der Tonangebende, und man war beglückt, wenn er sich unter das Volk mischte. Wir beide aber suchten die Gelegenheiten herbeizuführen, bei denen wir allein sein konnten. Das gelang natürlich nur selten. Und es mußte auch unauffällig sein – eine Begegnung auf der Stiege, in der Wohnung, die rein zufällig leer war, bei einem Spaziergang im Wald, wenn die anderen vorausgegangen waren und wir, ebenfalls rein zufällig, zurückblieben.
Besonders günstig war das bewußte Geländespiel, Hansls Erfindung, wir nannten es „Anschleichen", wo es darauf ankam, daß zwei Parteien im Buschwerk zwischen Kamp und Mühlbach auf dem Bauch robbend und gut getarnt ungesehen den „Spitz", wo der Bach in den Fluß einmündete, erreichten. Da war das einander Suchen und Finden besonders aufregend.

Wenn es uns gelungen war, ein paar Minuten allein zu sein, umarmten wir einander, so fest es ging, standen eng aneinandergepreßt und küßten uns still, mit geschlossenen Augen und geschlossenen Lippen und so lange, bis uns jemand störte.
Es wäre uns nicht in den Sinn gekommen, ein Rendezvous zu vereinbaren, einen Waldspaziergang etwa oder eine Radpartie, um länger und ungestört allein sein zu können. Wir haben auch nicht miteinander geredet, während wir einander hielten. Es war ein großes, stummes Aufgehen des einen im anderen. Daß es außer Umarmungen noch etwas anderes geben könnte, kümmerte mich nicht. Falls er, der doch schon fast Erwachsene, Bescheid wußte, ließ er es mich nicht merken.
Für mich und wohl auch für ihn in dieser Zeit bedeutete das ein wunschloses, von keinem Besitzenwollen getrübtes Gefühl, ein sanftes Paradies, ein nicht endenwollendes Glück.
Ich verschwendete keinen Gedanken darauf, wie es weitergehen sollte.
Denken konnte ich damals nicht. Ich funktionierte wie immer, und niemandem fiel auf, daß ich gerade eine tiefe Wandlung, ja Erschütterung durchmachte.
Wenn andere Menschen über ihre erste Liebe befragt werden und dann liebenswürdige, belanglose Geschichten erzählen, kann ich nicht mitreden. Meine erste Liebe war ein einschneidendes, großes und fürs ganze Leben bedeutungsvolles Erlebnis. Keine spätere konnte sich an Intensität mit ihr messen.

Die Ferien gingen zu Ende. Wir übersiedelten wieder in die Stadt. Ich begann die vierte Klasse Gymnasium, lernte Griechisch mit Freude und Fleiß, weil ich IHM nacheifern wollte. Er würde in diesem Jahr die Matura machen.

Meine Besuche bei der Familie der Freunde setzten sich fort, wir wohnten ja nur zwei Häuser entfernt.
Wenn ich unser Haus verließ, warf ich sofort einen Blick zu ihrer Wohnung im dritten Stock, denn dort, hinter dem Erkerfenster, war SEIN Gesicht zu sehen. Er wartete auf mich – namenlose Freude! Die drei Stockwerke stürmte ich hinauf, kam atemlos oben an, um dann bei der Begrüßung ihm gegenüber kühl und fremd zu tun, aber bei der nächsten Gelegenheit, kaum daß wir unbeobachtet waren, ihn heftig zu umarmen.
Das ging so den Winter durch, und wenn es auf mich angekommen wäre, hätten wir ewig so weitertun können. Es kam aber nicht auf mich an.
Eines Nachmittags, als wir ganz allein in der Wohnung waren, was sonst eigentlich nie vorkam, und nebeneinander auf dem Sofa saßen, begann er zu reden, ernsthaft, etwa in dem Sinn, wir müßten Schluß machen und dürften uns nicht mehr sehen, wir müßten vernünftig sein. Vernünftig sein? Ich muß ihn wohl verständnislos angestarrt haben. Er redete weiter, aber ich konnte nicht begreifen, was er mir sagte. Weil ER es sagte, mußte es wohl gut und richtig sein.
Ein Abschiedsgeschenk drückte er mir in die Hand, ein paar Edelweißblüten, in Tirol unter Lebensgefahr gepflückt, „Blutblümeln" nannte er sie.
Ich fragte nicht, saß stumm und wie gelähmt da, nahm die Schachtel mit den Blumen und ging betäubt nach Hause. Warum sollte alles zu Ende sein? Was meinte er mit „vernünftig sein"?
Ich war verwirrt und ratlos. Das namenlose Glücksgefühl, das mich monatelang eingehüllt hatte, war einer dumpfen Gefühllosigkeit gewichen.
Hatte ich zuerst meine Liebe geheimgehalten und nicht einmal meiner besten Freundin davon erzählt, mußte ich

jetzt erst recht mit dem, was mit mir geschehen war, allein fertig werden.
Wer hätte mir helfen können?
Einen kleinen Taschenkalender besaß ich, dem versuchte ich ein wenig Kummer anzuvertrauen. Stenographie lernte ich erst im nächsten Schuljahr, also erfand ich vorderhand eine Art Bildergeheimschrift.
So schrieb ich „nie wieder" und zeichnete dazu ein Häuschen. Das sollte heißen, ich nahm mir vor, nie wieder hinaufzugehen in den dritten Stock, um ihm nicht zu begegnen.
Ich glaubte zwar, man würde mir meine Gemütsbewegungen nicht ansehen. Meine Mutter merkte aber doch eine Veränderung an mir. Sie wurde mißtrauisch, stöberte in meinen Sachen, fand den Kalender mit der kryptischen Eintragung, dachte sofort an schlimme Dinge und stellte mich brutal zur Rede. Ich verstand zwar nicht, was sie eigentlich wollte, war aber tief getroffen und verletzt. Von da an kapselte ich mich noch mehr ab.
Ich hörte also mit dem Tagebuchschreiben auf und setzte meine Besuche bei Hermi und Bertl fort, als sei nichts gewesen, zwar mit blutendem Herzen, aber mit dem festen Willen, mich nicht unterkriegen zu lassen. Hansl bekam ich kaum mehr zu Gesicht.
Und im nächsten Sommer, den wir wieder in Plank verbrachten, war das Ärgste überstanden.
Wir gingen fast unbefangen miteinander um, als ob nichts zwischen uns gewesen wäre, wichen einander nicht aus, suchten einander auch nicht.
Mein Herzweh ließ sich zwar kaum aushalten. Trotzdem ertrug ich es, daß er mit der feschen Hedi flirtete, und machte nicht den leisesten Versuch, ihn zurückzugewinnen. Das verbot mir mein Stolz. Ich hätte auch gar nicht gewußt, wie ich das anstellen sollte; weibliches Raffine-

ment war mir fremd, Rat wollte ich auch keinen einholen. ER hatte gesagt, es müsse Schluß sein. SEIN Wort war nach wie vor wie das Evangelium für mich, es konnte nicht angezweifelt werden. ER würde schon seinen Grund haben.
Es dauerte Jahre, bis ich ihn mir zusammenreimen konnte.

Hansl ging nach der Matura zum Militär, wir zogen von Hernals weg. Die Freundschaft mit Hermi und Bertl dauerte zwar an, aber wir sahen einander durch die nunmehr größere räumliche Trennung nicht mehr gar so häufig.
Eines Tages wurde mir erzählt, Hansl habe sich verlobt. Mit einer seiner Mitschülerinnen, deren Vater Oberst war. Jetzt dämmerte mir, warum er mit mir Schluß machen mußte. Mit einer Offizierstochter, noch dazu älter, erfahrener und sicher auch eleganter als ich, konnte ich freilich nicht konkurrieren. Daher auch sein Wunsch, Offizier werden zu wollen.
Es tat fast nicht mehr weh.
Und als dann das Hochzeitsbild auf der Baarschen Kommode stand, mit einer strahlenden Braut in Weiß und einem ebenso strahlenden Leutnant in Galauniform, konnte ich es schon freundlich ansehen und bewundern. Der Krieg, in den der junge, vielversprechende Offizier gezogen war, bescherte ihm nach kurzer Zeit das Eiserne Kreuz.
Einmal kam er damit nach Plank auf Besuch, in Uniform. Mein Herzweh begann sich wieder zu melden; er war so schön, aber er gehörte uns allen, und wir liebten ihn alle. In diesem Sommer, 1940, habe ich ihn zum letztenmal gesehen. Wenn seine Mutter von ihm erzählte, welche Auszeichnungen er bekommen hatte, welche Beförde-

rung ihm zuteil geworden war, hörte ich nur mehr aus Höflichkeit, aber ohne innere Beteiligung zu.
Andere Freunde, andere Interessen, Berufspläne stellten sich ein. Der Krieg dauerte immer noch an, wurde blutiger und auch für uns im Hinterland gefährlicher. Für Liebeskummer ist wenig Platz, wenn es ums nackte Überleben geht. Er hatte im Feld einen Arm verloren, hieß es, und unterrichtete jetzt an einer Kriegsschule irgendwo in Böhmen. Ich nahm es mit Bedauern zur Kenntnis. Die Distanz war schon zu groß geworden. Das war nicht mehr der Hansl aus „unserem" Sommer.
In den Wirren der letzten Kriegstage, die sich in Böhmen besonders heftig gegen die Deutschen auswirkten, mußte er mit seiner Frau flüchten, bekam dabei einen Lungenschuß und starb an den Folgen seiner Verletzung in Gmunden im Lazarett. Viel zu jung natürlich.
„Wen die Götter lieben", heißt es, den lassen sie jung sterben. Ich glaube, sie liebten ihn sehr und ersparten ihm viel. Hätte er den Krieg überlebt, was wäre aus ihm geworden, einem mehrfach verwundeten, einarmigen ehemaligen Offizier ohne Berufsausbildung? Der Kampf um die Existenz ist ihm erspart geblieben, aber auch das Altern.
In meiner Erinnerung wird er immer jung, strahlend und unversehrt bleiben. Das Kapitel „Erste Liebe" hatte seinen Abschluß gefunden. Ich konnte es wie einen kostbaren Luxusgegenstand in die Vitrine stellen und manchmal betrachten. Mit Wehmut und Dankbarkeit.
Die Edelweißblüten habe ich noch. Auch sie sind trotz der vielen Jahre unversehrt geblieben.

Nun, ganz so abgeschlossen, wie ich glaubte, sollte das Kapitel nicht sein. Die Fortsetzung, die folgte, war nicht sehr rühmlich für mich, und sie ist mir noch heute, viele Jahre später, peinlich.

Nach dem Krieg, ich war bereits verheiratet, hatte ein Kind, und die erste Liebe war eine sehr ferne Erinnerung, meldete sich Frau Baar bei mir, Hansls Mutter.
Der Kontakt von Familie zu Familie war sehr locker geworden im Lauf der Jahre. Trotzdem freute ich mich immer, von ihr zu hören, war sie doch eine Frau, die ich von Kind an verehrt hatte, als meine Lehrerin und erst recht als seine Mutter.
Sie erbat im Namen ihrer Schwiegertochter von mir einen Gefallen. Und erzählte mir eine lange Geschichte, um die Bitte zu begründen.
Die Schwiegertochter hatte ich nie persönlich kennengelernt. Ich kannte sie nur als bezaubernde Braut auf dem Hochzeitsphoto und wußte, daß sie ihren Mann auf der schrecklichen Flucht aus Böhmen begleitet hatte und bis zu seinem tragischen Ende bei ihm geblieben war. Nach einigen Jahren hatte sie wieder geheiratet, einen netten Menschen, den Frau Baar als Sohnersatz ins Herz schloß. Nun ging aber die Ehe, so erzählte sie mir am Telephon, in letzter Zeit nicht mehr gut, der junge Ehemann hatte sich einer anderen zugewandt, und seine Frau machte nun alle Anstrengungen, ihn zurückzugewinnen. Es war von einem Ball die Rede, an dem sie besonders schön und verführerisch sein wollte für ihren Mann.
Es fehlte ihr aber zu diesem Zweck ein Abendkleid. Die Zeiten des Wohlstands waren noch weit entfernt, ein Abendkleid hatte damals noch kaum jemand. Aber ich, durch eine Verkettung glücklicher Umstände und dank eines amerikanischen Gabenpaketes, ich hatte eines.
Ob ich es ihrer Schwiegertochter für einen Abend und einen guten Zweck leihen würde?
Die schöne, elegante Frau, die mir den Freund abspenstig gemacht hatte, die Siegerin, als Bittstellerin? Ein

häßliches Gefühl von Genugtuung machte sich in mir breit. Recht geschieht ihr, dachte ich, nun sieht sie, wie das ist, wenn der Mann sich einer anderen zuwendet. Nur habe ich damals keine Anstrengung gemacht, ihn zurückzugewinnen. Er hatte sie geliebt, sie hatte ihn glücklich gemacht. Das war für mich ausschlaggebend, sie zu akzeptieren, mich damit abzufinden, daß sie das Glück hatte, ihre erste Liebe zu heiraten.
Wir verabredeten, sie würden mich beide besuchen kommen, Frau Baar mit ihrer Schwiegertochter, um die Kleidübergabe zu vollziehen.
Denn selbstverständlich lehnte ich die Bitte nicht ab. Ich suchte in meinem Kleiderkasten mein schönes neues Abendkleid heraus, aus lavendelblauer Seide, mit knappem Oberteil und unendlich weitem Rock, erst ein einziges Mal auf einer Redoute in der Hofburg getragen. Dazu würde ich ihr noch meine Perlenkette leihen, Zuchtperlen, aber immerhin. Sie hatte auf der Flucht alles verloren, hieß es, also würde sie auch zum Kleid passenden Schmuck brauchen. Wunderschön würde sie sein, ihren Mann zurückgewinnen und glücklich leben bis an ihr seliges Ende.
Wie sie wohl aussah?
Neugierig war ich schon.
Begegnungen zwischen zwei Frauen der Weltliteratur fielen mir ein, Brünhild und Kriemhild, Elisabeth und Maria Stuart, Lady Milford und Luise, Zusammentreffen zweier Rivalinnen, bei denen eine über die andere triumphiert. Wir waren zwar nie zusammengetroffen, aber sie hatte doch damals über mich, das naive Kind, triumphiert, hatte mir den über alles Geliebten brutal weggenommen. Jetzt war ich nicht mehr ahnungslos, jetzt hätte ich auftrumpfen können, ihr vorhalten, was sie mir angetan hatte. Aber nein, ich würde mich vornehm, großzügig

erweisen, würde über die Vergangenheit hinweggehen, als hätte sie mir nicht beinahe das Herz gebrochen, und ihr nur Gutes erweisen, über mich hinauswachsen, ein unsagbar edler Mensch.

Gleichgültig war mir der bevorstehende Besuch nicht, soviel stand fest.

Die beiden Damen kamen wie verabredet, von mir freundlich empfangen. Wir tranken Tee und plauderten artig. Frau Baar bestritt den größten Teil der Unterhaltung, wir beiden jüngeren waren damit beschäftigt, einander ausgiebig zu mustern.

Ich mußte zugeben, daß sie trotz allem, was sie zweifellos durchgemacht hatte, noch immer gut aussah.

Die beiden hatten nicht viel Zeit und ersuchten um die Übergabe des versprochenen Kleides.

Und plötzlich, ich kann es nicht vernünftig erklären, plötzlich stieg in mir namenlose Wut auf, von ganz tief unten. Nicht so sehr, weil ich meine große Liebe an sie verloren hatte, nein, eher darum, weil sie nach einer Ehe mit IHM noch imstande gewesen war, einen anderen zu heiraten. Ein unerhörter Treuebruch, den ich nie begangen hätte!

Und daß ich ihr noch helfen sollte, um den anderen Mann zu kämpfen, ihn zu behalten!

Ein diffuses Gefühl, rational nicht zu erklären, aber so heftig, daß ich ins Vorzimmer stürzte, das bereits vorbereitete Kleid wegräumte und aus den Tiefen des Kastens ein kümmerliches Fähnchen hervorzog. Es war einmal ein fliederfarbenes Taftkleid gewesen, bei meinem ersten Ball getragen, später dunkelblau gefärbt, wobei es die Steifheit des Taftes verloren hatte. Dann war der Oberteil abgeschnitten und der Unterteil als Rock verwendet worden.

Dieses unsagbar häßliche Stück zog ich heraus, hielt es

ihr hin und meinte heuchlerisch, das könne ich ihr gerne borgen, mit einer hübschen Bluse, die sie doch sicher hätte, würde das sehr gut aussehen. Ein paar billige Ohrklipse bot ich ihr zusätzlich an.
Sie bedankte sich demütig, versprach, die Schätze nach dem Ball wieder zurückzubringen, und die beiden zogen ab.
Mein Triumphgefühl fiel sofort in sich zusammen. Ich begann mich entsetzlich zu schämen und habe eigentlich seither nie damit aufgehört.
Wie der Ball verlaufen ist und ob die Ehe gerettet wurde, habe ich nicht erfahren und wollte es auch gar nicht wissen.
Als der Rock zurückgebracht wurde, richtete ich es ein, nicht zu Hause zu sein.
Es blieb bei der einmaligen Begegnung.
An einer Wiederholung lag uns beiden nicht.

Sentimentale Reise: Plank 1986

Alle Wiener Bahnhöfe wurden seit dem Krieg renoviert, auch der Franz-Josefs-Bahnhof.
Der Westbahnhof ist groß und hell, eine Menge Gleise führen in die weite Welt in westlicher Richtung.
Der Südbahnhof ist groß und hell, eine Menge Gleise führen in die weite Welt in südlicher Richtung.
Der Franz-Josefs-Bahnhof sieht von außen am größten und modernsten aus, weltstädtisch, imponierend.
Das täuscht.
Was da so weltstädtisch und großartig aussieht, ist nur die Hülle. Eine gläserne Hülle, die die Creditanstalt um den Bahnhof gezogen hat.
Wenn man die gläserne Pracht durchschritten hat, wird's düster und klein, ein bißchen schmuddelig, eher kümmerlich; kein Hauch der großen weiten Welt weht hier drin, nur eine Menge Mief der kleinen. Hier sieht man auch kein internationales Publikum ankommen oder abfahren, hier treibt sich nur kleines, einheimisches Volk herum. Obwohl man von hier – kaum zu glauben – auch in die weite Welt fahren könnte, wenn man wollte, nach Norden, etwa nach Prag oder in die DDR – aber wie viele Leute oder wie wenige sind das schon, und elegante erst recht nicht.
Nein, er ist düster und klein und schmutzig und nicht für die große, sondern für die kleine Welt geschaffen, der Franz-Josefs-Bahnhof, und er hat sich trotz der prächtigen Hülle seit den Tagen meiner Kindheit kaum verändert. Fünf Gleise – man denke: fünf! – bewältigen den Verkehr. Es gibt drei Kassenschalter, von denen meist nur einer besetzt ist, eine Blumenhandlung, ein Buffet, eine Trafik, aber alles en miniature.
Man sitzt nicht auf Bänken – die gibt es hier gar nicht –, sondern auf den metallenen Vorrichtungen, die für das Abstellen des Gepäcks vorgesehen sind.

Was der Reisende braucht, wird ihm hier notdürftig, ja beinahe widerwillig gegeben: Lautsprecherdurchsagen, die gewissen Wägelchen für die Koffer, sogar Abfahrtszeiten und Destinationsanzeigen über den Eingängen zu den Gleisen.
In diesem Ambiente wird einem die Nostalgie leichtgemacht. Ganz von selbst kommen die Gedanken, die Erinnerungen an die unsagbar köstlichen Minuten vor der Abfahrt in die Ferien, ins Gelobte Land des Kamptals.
Freilich bin ich im Lauf der Jahre oft mit dem Auto hinausgefahren, aber das richtige Feriengefühl bleibt dabei auf der Strecke.
Diesmal, da mir ein gütiges Geschick wieder einmal eine Bahnfahrt beschert hatte, diesmal war es richtig. Das Prickeln, die Erwartung, die Vorfreude, alles war wieder da.

Pünktlich wurde abgefahren.
Die Reise bis Hadersdorf verlief ohne besondere Vorkommnisse, war aber noch nicht das Eigentliche, war quasi nur ein Vorspiel.
Bei Hadersdorf ist das erste Mal der Kamp zu sehen, zwar nur ganz kurz, aber so braun wie eh und je.
Man übersieht ihn leicht, denn nach Etsdorf-Straß macht man sich ja schon fertig fürs Umsteigen in Hadersdorf.
Der Bahnhof in Hadersdorf . . .
Meist ist noch reichlich Zeit, bis der Zug aus Krems kommt. Man kann sich in Ruhe auf ein Bankerl setzen und dem Frieden dieser Landschaft hingeben.
Genau nach Fahrplan kommt der Anschlußzug. Man überquert die Gleise und steigt geruhsam in das uralte Gefährt. Die Waggons tragen den Bahngeruch von Generationen in sich, nach Rauch und Ruß, auch wenn nicht mehr mit Dampf gefahren wird.

Ab Hadersdorf wird es aufregend.
Langenlois (wir sprachen es französisch aus: „Launschauloa"), Zöbing, und immer wieder die Straße, die wir so oft durchradelt haben, daß mir noch jede Straßenkrümmung vertraut ist.
Schon kommt Schönberg in Sicht. Schade, daß ich so bald aussteigen muß. In Plank mit dem Zug anzukommen, ist mir nicht vergönnt. Aber in Schönberg werde ich erwartet, so wurde es ausgemacht.
Tatsächlich, der gute Herr Trautsamwieser, seines Zeichens Gemeindeobersekretär oder Obergemeindesekretär oder was immer sonst sein Titel sein mag, ein lieber Kerl ist er allemal und sein Name paßt in die Gegend, wenn er auch aus der Wachau stammt, Herr Trautsamwieser steht bereits parat, verfrachtet mich in sein Auto und liefert mich seiner Frau und dem Töchterl ins Haus, die mich mit einem erstklassigen Mittagessen versorgen.
Aber diesmal steht mein Sinn nicht nach Schönberg, so gut es mir dort auch immer gefallen hat. Diesmal lechze ich nach Plank, und ich muß warten, voller Ungeduld, bis er mich dorthin bringt. Denn ohne eigenen Wagen oder wenigstens eigenes Fahrrad ist man am Land aufgeschmissen, soviel ist klar.
Endlich ist der Nachtisch verzehrt, sind die Dankesworte gesprochen, ist das trautsamwieserische Auto bestiegen, und dann rollen wir kampaufwärts. Stiefern, Altenhof, rechts der Tettenhengst, wie oft sind wir auf ihm herumgekrochen, als das Steigen noch keine Mühsal war, als es dort noch Schwammerln gab in Menge.
Der Wegweiser nach Fernitz müßte bald kommen und nach Freischling, wo meine Mutter während des Krieges Bauersleute besuchte, die ihr wohlgesinnt waren und ein paar Linsen, etliche Eier und ein Sackerl Mohn springen ließen. Ja, der Wegweiser ist tatsächlich da, wo er in

meinem Gedächtnis steht. Und jetzt liegt er vor mir, der Kamp in seiner ganzen Breite, dort das Wehr, was haben wir auf ihm herumgetollt, über ihm und unter ihm und neben ihm.

Ich würde im Gasthof Seystock, ehemals Schiedlbauer, logieren, das hatte ich mir gewünscht. Zu einem Hotel hatte es Plank bisher ohnedies nicht gebracht. Wir holpern mit dem Auto über die Brücke, die Seystock-Nichte hat bereits aufgesperrt, und so kann ich meinen Einzug halten. Bis zum Abend bin ich mir selbst überlassen, mein getreuer Paladin verabschiedet sich anderer Verpflichtungen wegen.

Ich darf mein Zimmer beziehen, ein köstliches Zimmer, über eine Pawlatschen zu begehen, Blick vom Fenster aus auf die Neustiftgasse, dort, wo damals nur zwei oder drei altväterische Villen standen und die Tante Anna gewohnt hat, die eigentlich gar keine Tante von mir war, sondern bestenfalls eine Rufgroßtante.

Das Zimmer ist einfach und so eingerichtet, wie schon damals die Zimmer für jene extravaganten Leute eingerichtet waren, die in einem Gasthof wohnten. Mit einem Unterschied: Man hat Dusche und WC eingebaut, was sicher nicht leicht war, mich aber mit Freude erfüllt. Man ist, seien wir ehrlich, seit jenen Zeiten des Plumpsklos doch sehr verwöhnt.

Trotzdem leidet es mich nicht in diesem Luxus. Viel zu viel habe ich mir vorgenommen neben meinen offiziellen Verpflichtungen.

Es bleibt mir noch genügend Zeit für einen kleinen Rundgang. Mein Übernachtungsgepäck ist leicht und schnell ausgepackt. Kurzer Schuhwechsel, nicht den Photoapparat vergessen, den Schlüssel aufs Brett gehängt, der Seystockschen Nichte adieu gesagt, und los geht's.

Wohin zuerst?
Welche Frage – wo doch die Grießlermühle gleich daneben liegt.
Mein Gott, das gibt's ja nicht!
Hier hat sich, was die Einfahrt betrifft, nichts, aber auch gar nichts verändert, seit ich als Dreizehnjährige, Vierzehnjährige, Achtzehnjährige hier durchgeradelt bin, seit mein kleiner Sohn dort, kaum daß er gehen konnte, einem Ganauser mit einem Steckerl die Schneid abgekauft hat, wo er sich, über irgend etwas stolpernd, fast das Zungenspitzel abgebissen hätte. Von der Mühle aus haben wir den Dr. Brandstetter angerufen, der dann kam, sich den schweinisch blutenden kleinen Helden besehen und uns arme Eltern beruhigt hat.
Und jetzt überkommt mich auf einmal ein unbändiges Verlangen, mehr zu sehen, alles zu sehen, das Herrenhaus und die Pawlatschen mit den Sommerwohnungen, den Garten und den Nußbaum, den Badeplatz und die Sandgrube.
Aber ich habe Hemmungen: Heute bin ich ein Eindringling, wo ich seinerzeit wie zu Hause war.
Wieso ist hier niemand zu sehen, den man fragen kann, dem man sich vorstellen könnte?
Hoppla, hier ist er schon! Zwar keiner, den man fragen, dem man sich vorstellen kann, aber trotzdem des Hauses redlicher Hüter: ein Höllenhund, noch pudeljung und hundsnarrisch, stellt sich mir in den Weg. Er scheint wohlgesinnt, ist freundlich, will spielen, stellt sich zu seiner ganzen Größe auf, die beachtlich ist, legt mir treuherzig die Pfoten auf die Schultern, daß es mich fast umwirft, und hindert mich in aller Liebenswürdigkeit am Weitergehen und Weiterforschen.
Mich hat kein weißer Cherub, sondern ein schwarzer Hund aus dem Paradies vertrieben. Sei's drum.

Ich mache also kehrt und wende mich meinem ursprünglichen Plan zu, über den „Höhenweg“, wie wir ihn genannt haben, über den landschaftlich reizvollen, was ich schon damals begriffen habe, als mich Landschaft noch nicht besonders interessiert hat, über diesen Höhenweg nach Oberplank zu gelangen und von dort auf den Stritzelberg, wo eine Jauseneinladung auf mich wartet. Die Zeit müßte reichen.
Doch mit des Geschickes Mächten ist bekanntlich kein ewiger Bund zu flechten.
Der Höhenweg. Auch an ihm haften unzählige Erinnerungen. Eigentlich heißt er, am Anfang wenigstens, „Neustiftgasse“. Aber so viele Häuser wie heute standen damals nicht, ich kann mich höchstens an ein oder zwei erinnern, in jenem altväterlichen Stil, den die „besseren“ Leute seinerzeit bevorzugten.
Und dahinter begann schon eine Art Feldweg. Über den sind wir oft gegangen, um in die „Grotzen“ zu kommen, diese merkwürdige Wildnis am Kampufer, wo es so viele Haselnußsträucher gab, voller Haselnüsse, die nicht und nicht reifen wollten, bevor die Ferien zu Ende gingen. Wir mußten sie, ungeduldig, wie wir waren, in milchigweißem Zustand essen.
Vom Höhenweg aus kam man auch auf den Kampacker, auf dem der Mann unserer Quartiergeberin gegen Abend den Klee schnitt, ihn auf den Wagen lud und von Bauxi, dem Wallach, in die Mühle fahren ließ. Manchmal fuhren wir mit, was uns besonders beim Heimfahren auf dem grünbepackten Wagen viel Freude machte, so daß wir lauthals „Hoch auf dem grünen Wagen“ sangen.
Besonders gern gingen wir drei Unzertrennlichen, Hermi, Bertl und ich, die Neustiftgasse hinauf, ganz harmlos, wie zu einem Spaziergang. Das war nur Tarnung. In Wahrheit brachen wir zu einer unserer höchst geheimen

Freßorgien auf, versehen mit einer Menge Süßigkeiten, die wir heimlich gekauft hatten beim Sappert oder gar beim Kienast in Gars.
Ach, das Versteck ist nicht mehr aufzufinden, die Büsche sind zu groß geworden. Alles ist zugewachsen, kein Weglein unserer Lust gibt es mehr. Und wo ist die Aussicht geblieben auf das Strandbad und auf den keuschen Badeplatz des Herrn Pfarrer, ganz umplankt, damit nur ja keiner den hochwürdigen Herrn in der Badehose sehen würde?
Ich gehe ein paar Schritte weiter. Jetzt muß gleich der Platz kommen, von dem man auf die für mich unheimlichste Stelle des Kamps hinuntersehen konnte. Senkrecht ragte da ein Felsen aus dem Wasser, das dort angeblich sehr tief sein sollte, so tief, daß ein Bauer mit seinem Gespann, der eines Nachts auf dem Höhenweg dahinfuhr und in der Dunkelheit in den Kamp gestürzt war, nicht mehr gefunden wurde. So hatte man uns Kindern erzählt, und obwohl die Geschichte ja kaum zu glauben war, mieden wir es, an dieser Stelle vorbeizuschwimmen oder auch nur mit dem Kahn zu fahren. Ich hatte immer das Gefühl, der Bauer samt seinen Ochsen läge vielleicht noch am Grund des Flusses, als Gerippe, versteht sich.
Aber auch dieser schaurige Aussichtspunkt ist völlig verwachsen. Überhaupt kann man vom Höhenweg aus nicht mehr nach Plank hinuntersehen.
Der Weg selbst sieht allerdings genauso aus wie in meiner Erinnerung oder auf dem Photo, das mein Vater einmal von mir gemacht hat, ich als junges Mädchen im Dirndlkleid am Wegrand Feldblumen pflückend, gegen das Licht photographiert und so gut gelungen, daß er es vergrößern ließ.
Ein großes, schmuckloses Kreuz steht da – vielleicht war

doch etwas Wahres an der Geschichte mit dem Bauerngespann?
Immerhin will ich meinen Weg, der jetzt durch den Wald führt, fortsetzen. Bald muß die Waldwiese kommen, die Frau Baar so geliebt hat, und dann sollten die ersten Häuser von Oberplank zu sehen sein.
Doch plötzlich wird der Weg durch eine gewaltige Baustelle unterbrochen. Lehmig, steinig und unmöglich mit meinem zarten Schuhwerk zu bewältigen.
Auf einem Bankerl halte ich ein paar Minuten Rast, sage Oberplank und Waldwiese ade und kehre um.
Auf einmal ein Geräusch im Gebüsch. Ich bleibe stehen. Ein Rehbock quert mit eigenartigem Bellen in brünftigem Galopp meinen Weg. Hoppla, dem sollte man besser nicht in die Quere kommen. Aber der liebeskranke Rehbock denkt gar nicht daran, mir in die Quere zu kommen, der ist hinter einer Geiß her.
Ich setze also meinen Weg gelassen fort, wundere mich über die vielen neuen Häuser, in und vor denen sich schon das Wochenendleben der Zweitwohnungsbesitzer regt, es ist ja mittlerweile Samstagnachmittag geworden.
Ein paar Schritte tue ich noch gegen den Kampacker zu. Der ehemals schmale Feldweg ist nun zu einer passablen Straße ausgebaut, mit vielen stattlichen Villen zu beiden Seiten. Da ist fast ein neuer Ortsteil entstanden.
Ja, der Wohlstand.
Mittlerweile bin ich beim Gasthof angekommen, meinem Zuhause für einen Tag und eine Nacht. Ich durchquere die Wirtsstube, wo sich noch keine Gäste eingefunden haben. Nur die junge Wirtin, besser gesagt die Ersatzwirtin, die Nichte der im Spital liegenden Frau Seystock, rumort im Hintergrund und steckt den Kopf in die Wirtsstube, als ich grüßend meinen Zimmerschlüssel vom Brett pflücke.

Der Hof ist naturbelassen wie damals alle Höfe. Mein Zimmer ist über einen offenen Gang zu erreichen. Zu denken, daß es sich damals kaum jemand leistete, in einem solchen Gasthof die Ferien zu verbringen... Höchstens gelegentlich dort essen oder hingehen, wenn es im Saal einen Tanz oder die Vorstellung einer durchreisenden Bauernbühne gab. Und natürlich, wenn die Planker Jugend einen Bunten Abend veranstaltete.
Den Saal muß ich wiedersehen!
Tatsächlich: es gibt ihn noch, unverändert, allerdings lang nicht so schön wie in meiner Erinnerung. Die Bühne primitiv, der Vorhang ein verschlissener Lappen, in der Ecke ein Ungetüm von Ofen, silbrig angestrichen.
Aber die Erinnerung... an einen Tanzabend, an dem mich ein deftiger Jüngling zum Tanz aufforderte, indem er mir seine Pranke in den Rücken hieb: „Na, wie wär's mit uns zwaa?" An einen jungen Mann, der mir, obwohl Mitglied einer Bauernbühne, so gut gefiel, daß ich mit ihm Kahn fuhr, aber nur kurz, bevor er zu einem Verführungsversuch ansetzte.
Die stärkste Erinnerung ist zweifellos die an einen Bunten Abend, den junge Sommerfrischler veranstalteten, eben die, die am Samstagabend immer in der Bahnhofsrestauration Wirth zu finden waren und es lustig hatten, während wir uns ausgeschlossen fühlten, weil wir noch zu jung waren. Wie groß und schön und erstrebenswert ist einem damals alles vorgekommen, und wie klein und schäbig schaut es heute aus.
Wie habe ich mich damals danach gesehnt, dabeisein zu dürfen! Heute darf ich mittun, die Gemeinde unterhalten, zusammen mit dem Lehmann-Fritzl, Professor und Kammerschauspieler. Aber wie das so ist mit der erfüllten Sehnsucht: So sensationell, so beglückend, wie man sich das vorgestellt hat, ist es alles nicht. Der Lehmann

ist siebzig und weißhaarig, obwohl bestens konserviert und immer noch ein erfreulicher Anblick, und ich bin halt auch nicht mehr der sehnsüchtige Teenager von damals.

Ich verlasse Gasthaussaal und Vergangenheit, wechsle die Schuhe, packe mein Gastgeschenk ein, ich habe ja eine Jauseneinladung auf dem Stritzelberg, es wird Zeit, mich auf den Weg zu machen. Zu Fuß sind die Entfernungen doch beträchtlich. Schade, daß ich kein Fahrrad dabeihabe ...

Die Brücke über den Kamp, wie oft sind wir da drübergeradelt oder mit dem Boot durchgefahren ... Die Gemischte Warenhandlung des Herrn Sappert ... und er selbst, beweglich, geschäftig, Budelhupfer von Nestroys Gnaden ... das alte Geschäft kann man nur mehr ahnen, aber an der Ecke gibt es was Modernes, eine Art Supermarkt, heißt auch „Sappert“, ein Nachfahre offenbar.

Jetzt möchte ich mir den Schödl-Hof anschauen, wo am Abend die Lesung stattfinden soll. Ach, den haben sie hübsch hergerichtet! Schon als Kind hat es mir leid getan, daß das Gebäude so verfiel, und damals waren mir schöne alte Häuser längst nicht so wichtig wie heute. Jetzt endlich, in zwölfter Stunde, haben sie ihn renoviert. Da sieht man erst, wie schön man früher gebaut hat. Richtig appetitlich sieht das Haus jetzt aus, gelbweiß gefärbelt. Und der Hof erst! Einige Stufen führen hinauf zum Eingang, der kleine Vorbau getragen von Säulchen.

Man ist schon emsig mit den Vorbereitungen zur Veranstaltung beschäftigt. Jetzt weist man mir den Besitzer, einen Herrn Zeitlberger. Der entschuldigt sich, daß er noch nicht „angezogen“ ist, aber er führt mich dann doch durch das Haus, unangezogen, also im Alltagsge-

wand, und erzählt ein bißchen über seine Geschichte, seine eigene und vorwiegend die des Hauses. Der Herr Schödl war ein angesehener Mann und hatte die Funktion eines Dorfrichters. In seinem Haus gab es auch eine Art Gemeindekotter, viel ist freilich nicht mehr davon zu sehen, alles wurde erneuert. Jetzt gibt es eine Anzahl modern adaptierter Wohnräume, mit Zentralheizung und Teppichböden, gekachelten Sanitäranlagen, alles im Geschmack der Familie Zeitlberger aus Freischling oder Meiersch oder einem dieser Dörfer, wo meine Mutter im Krieg sich bei den Bauern beliebt zu machen versuchte, um ein paar Lebensmittel zu bekommen.
Schön ist das alles geworden, lobe ich. Da wird der dünne Hausherr noch kümmerlicher. Ja, das sei das Gfrett. Die Tochter, Lehrerin und unverheiratet, lege keinen Wert auf den Schödl-Hof, die habe irgendwo ein Fertigteilhaus. Und der Sohn, der Sohn sei vor einem Jahr tödlich verunglückt. Somit werden die zwei nicht mehr jungen Leute, sobald alles fertig renoviert ist, in das viel zu große Haus einziehen, das alte Bauernhaus verkaufen. Das Leben ist manchmal grausam. Aber der Schödl-Hof ist wenigstens vor dem Verfall gerettet. Der Stall kommt auch noch dran, versichert mir der wackere Renovierer.
Jetzt wird es aber höchste Zeit für mich, den Aufstieg auf den Stritzelberg zu beginnen.
Ich beeile mich, zum Gemeindeamt zu kommen, das so aussieht wie damals, als der Platz noch „Adolf-Hitler-Platz“ hieß. Merkwürdig, auf den Stritzelberg sind wir nie gegangen, warum nur? Dort gab es ein nicht sehr attraktives Haus, würfelig, die Pension Stadler. Ob dort jemals Pensionsgäste logierten? Der „Monte Stritzello“ gehörte nicht zu unserem Aktionsbereich, und er ist auch kein richtiger Berg, eher eine sanfte Anhöhe. Jetzt ist er voll

bebaut, die Pension Stadler steht noch, dort soll ich vorbeigehen, hat man mir erklärt, dann käme ich zum Haus des Herrn Hofrat, wo ich zur Jause geladen bin.
Man trinkt Kaffee und ißt fabelhafte Mehlspeisen und Torten aus der kundigen Hand der Frau Hofrat, besichtigt den angenehm verwilderten Garten samt verfallenem Salettl. Als es für mich Zeit zum Aufbruch ist, bringt mich der Gastgeber hinunter bis zur Erlinger-Mühle, der nach wie vor gelben, die immer noch aussieht wie ein Dornröschenschloß.
Was müssen doch die Müller für reiche Leute gewesen sein, und was müssen doch die Baumeister damals für Geschick gehabt haben. Dabei waren das sicher keine Munggenast und Prandtauer, sondern einfache Landbaumeister.
Die Erlinger-Mühle hat dem Onkel Gustav gehört, so hat ihn der Karli, der junge Müller, genannt. Ich kann mich noch gut an ihn, den Onkel, erinnern. Er ist immer auf dem Holzbalken vor seiner Mühle gesessen, ja, der Balken ist noch da. Dunkel kann ich mich auch erinnern, daß uns jemand, vermutlich seine Frau, das Wohnhaus von innen gezeigt hat, den Eltern und mir, daß es gediegen eingerichtet war und es sogar einige Ölgemälde gegeben hat.
Auf meinem Heimweg nehme ich die untere Straße, vorbei am Strandbad, rot-weiß gestrichen, am Garten des Pfarrhofs, dort wuchsen immer viele Dahlien, oder war das beim Gärtner, wo die Sommergäste immer die Dahlienbuschen kauften für die abreisenden Sommerfrischler? Wenn man Pech hatte und beliebt war, fand man sich nach der Abfahrt mit drei, vier Buschen im Abteil.
Weiter vorne, auf der linken Seite, war da nicht das Bäckergeschäft, hat der Bäcker nicht Macho geheißen? Und neben der Kirche gab es ein kleines Gewölbe, da

verkaufte ein ambulanter Fleischhauer am Sonntag Fleisch, denn im Ort gab es keinen Fleischhauer.
Die Schule – sie war in der Ferienzeit geschlossen und hatte daher für uns keinerlei Bedeutung. Aber der Garten der Familie Dobrowolny – dort waren wir einmal eingeladen zu einer großen Ribiselbrockaktion, scharenweise Jugend. Zuerst Ribisel pflücken, dann eine Jause im Garten, schließlich sprangen wir alle in den Kamp und tobten dort herum.
Und da ist auch schon wieder die Brücke, ein schönes Photomotiv, wie sich die Bäume im Wasser spiegeln. Das Kamptal hat noch Romantik, o ja. Ich habe versucht, sie im Bild festzuhalten, in Farbe. Mein emsig photographierender Vater hatte diese Möglichkeit nicht, der konnte nur in Schwarzweiß aufnehmen.
Jetzt gibt es keinen Aufschub mehr, ich muß mich an den Veranstaltungsort begeben. Hoffentlich kommen Leute ... die ewige Angst des Schriftstellers vor der Lesung.

Vor dem Schödl-Hof treffe ich den Lehmann-Fritzl, der gerade, trachtisch gewandet, seinem Auto entsteigt. Schaut blendend aus, der Bursche. Gut, daß er kein Pfarrer geworden ist . . .
Die Jugendkapelle Schönberg ist bereits da, alle in netten blauen Trachtenjankern sehr lieb anzuschauen. Der Herr Obersekretär Trautsamwieser, der Herr Bürgermeister Schwanzelberger geben uns die Ehre. Der Hausherr Zeitlberger und seine Frau sind auch schon festlich angezogen.
Eine Menge Gäste strömen herbei. Voriges Jahr, in Stiefern, haben sich die Planker beklagt, daß sich alles nur in Schönberg und Stiefern abspielt. Da hat der Bürgermeister eine Veranstaltung in Plank versprochen. So was verpflichtet, und die Planker sind wirklich in Scharen

gekommen, so viele, daß man noch Sitzgelegenheiten herbeischaffen muß, damit keiner zu stehen braucht.
Endlich haben alle Platz genommen, es gibt sogar noch ein wenig Abendsonne. Die Musik spielt, dann kommt der Herr Professor Lehmann dran, er liest aus dem Landgrebe-Buch „Michaels letzter Sommer", das, etliche Jahre vor meiner Zeit, auch in der Grießlermühle spielt. Musik, danach ich mit meinen Sommerfrischenerinnerungen aus „Zimmer, Kuchl, Kabinett".
Das Publikum ist dankbar und freundlich. Leider wird es empfindlich kalt, gut, daß ich den Mantel mitgenommen habe. Ich mache es kurz, damit niemand zu lange frieren muß. Hinterher gibt es noch einen kleinen Imbiß für die Gäste, Brot und natürlich Wein, das wärmt.
So viele Freunde von früher sind da: die Blöchs, der Wirth-Herbert, jetzt auch ein Professor, den „schönen Herbert" haben wir ihn genannt, mit Recht, will mir scheinen.
Und als Clou des Ganzen präsentiert man mir den Erlinger-Karli! O Zeit, was machst du aus uns! Der Karli war einst ein so fescher Bursche, freilich nicht ganz mein Typ, aber fesch immerhin. Was ihm geblieben ist, sind die etwas wäßrigen Blauäuglein. Ansonsten hat er einen Bart, trägt viel Gewicht mit sich herum und hat eine nette, energische und tüchtige Frau. Die macht gute Miene zum bösen Spiel, als der Karli uns alle einlädt in die Grießlermühle.
Äußerlich hat sich, wie ich schon am Vortag feststellen konnte, an dem Gebäude nichts geändert seit den Zeiten der dicken, weißhäutigen Resi. Nun gehört das ganze Anwesen dem Erlinger-Karli, Mühle und Herrenhaus. Zum Teil haben sie das Herrenhaus schon wohnlich umgestaltet, besonders eine Bar hat er sich eingerichtet, der Karl, und ich kann auch bald erkennen, warum. Sofort

setzt ein gewaltiges Gelage ein, in der Bar kann man fast alles haben, er empfiehlt Deftiges, ich trinke lieber nichts, was ihn kränkt, was er aber bald vergißt.
Dann bittet die Hausfrau zu Tisch. Im Nu hat sie eine lange Tafel weiß gedeckt und auch allerlei Eßbares herbeigezaubert, und sie lächelt noch immer.
Dann führt sie mich durch das Haus, was ich mir immer schon gewünscht habe. Man muß staunen, wieder einmal staunen, wie herrschaftlich die Müller einst lebten: Riesenzimmer mit schön bemalten Decken, die die Müllerin heute selbst restauriert, die Brave.
Das Klo, das originelle, doppelsitzige Plumpsklo, dort, wo die Stiege ein Eck macht, gibt es nicht mehr.
Der Vorraum ist noch da, wo wir uns bei Regenwetter versammelt haben, Geistergeschichten erzählten und unsere kindlichen Bunten Abende veranstalteten . . .
Und dann die Wohnungen! Mein Gott, der Herd steht noch drin, der meine Mutter so oft geärgert hat. Zum Frühstück hat sie darum meist den Spirituskocher verwendet, es duftet in meiner Erinnerung noch nach Kaffee mit Spiritus . . .
Dort an der Wand stand das Gitterbett meines Kleinen, wo er sein erstes Wort gesagt hat, nicht „Papa“ oder „Mama“, sondern „Atu“, immer wieder „Atu“ – was „Auto“ heißen sollte, in diesem Zimmer hat er die ersten Schritte getan . . .
Die Hausherrenleute wohnen heute und wohnten damals ebenerdig, der alte Herr Grießler hatte, so sagte man, ein Zimmerklo. Und von unten gibt es heute noch eine alte Schneckenstiege in die oberen Gemächer.
Das alles hätte ich gerne in seiner Glanzzeit gesehen, damals, als man die Räume von einem Wandermaler ausmalen ließ. Die Decken sind noch immer schön bunt und farbenfroh.

Vielleicht komme ich einmal und schau mir alles in Ruhe an, auch die Pawlatschen und den Garten, wie mir die Frau Erlinger nahelegt. Für heute muß ich der immer heiterer werdenden Gesellschaft entfliehen und mich ins Bett begeben.

Am nächsten Tag stehe ich zeitig auf, nehme mein Frühstück in der Gaststube ein und lasse mir von der jungen Wirtin erzählen, wie sie mit der Familie Seystock verwandt ist. Nein, auf die Bahn bringen mit dem Auto lass' ich mich nicht, mein Gepäck ist leicht, und es gilt ja noch ein Stück Plank besinnlich zu durchwandern, auf der Straße zum Bahnhof, die wir unzählige Male durchradelt, aber auch oft im Dunkeln durchschlendert haben unter lautem Geblödel und leisem Gekichere.
Die alten Villen, die einander so gleichen, sind frisch gefärbelt und sehen recht adrett aus, die gehören jetzt wohl schon den Kindern und Kindeskindern der Erbauer. Oberplank kommt in Sicht, die beiden Villen am Hang, Reichel-Villa und Frank-Villa, und natürlich die David-Villa gleich neben der Friedhofskapelle. Der Anblick ist noch immer so wie vor fünfzig Jahren, als ich das erste Mal hier Urlaub machen durfte.
Freilich, damals gab es noch mehr Badehütten am Kampufer. Ob man heute überhaupt noch hier badet?
Die Holzbrücke . . . die Staubstraße den Berg hinauf . . . einen Riesenstern habe ich einmal dort gerissen mit dem Fahrrad beim Bergabfahren.
Der Bahnhof ist noch genau wie damals. Nur das Restaurant Wirth gibt es nicht mehr. Ach, was hat man dort herrlich gegessen . . .
Ich lege mein Gepäck auf dem Bahnhof ab. Kein Vorstand Ringhofer mehr. Der Kassenschalter ist geschlossen. Es ist noch Zeit, ich gehe ein paar Schritte zur

Aumühle. Die war damals schon eine Ruine, und heute steht nichts mehr von ihr. Oder ist das romantische Tor samt Häuschen, das ich photographiere, noch ein Teil davon? Der Bertl wüßte es sicher, aber leider, der Bertl liegt irgendwo in Rußland begraben und der Hansl in Gmunden. Und der Pepi-Onkel, auch an den muß ich in Bahnhofsnähe denken. Wie er vor der Heimfahrt noch gemütlich beim Wirth saß, der Zug kam, er eilig zum Bahnhof sprintete, wobei ihm der Henkel des Koffers abriß, der Ringhofer-Walter zu seinem Vater lief und der Herr Vorstand den Zug ein bisserl warten ließ, damit der Onkel samt Koffer noch zurechtkam.
Alle die gibt es nicht mehr.
Aber der Kamp ist braun wie eh und je. Nur viel kälter soll er geworden sein, seit sie das Stauwerk gebaut haben. Ein paar Badehütten hocken noch am Ufer, die Brücke gibt es, die Kapelle, die Villen.
Die Bauwerke halten eben doch mehr aus als die Menschen.
Der Zug kommt, ein paar Frauen haben sich eingefunden und steigen auch ein. Man plaudert ein bißchen. Für Dahlien ist es noch zu früh.
Und dann nochmals in Hadersdorf umsteigen.

Plank, sechs Jahre später

Der Franz-Josefs-Bahnhof sieht noch immer nicht international aus, obwohl man nun ohne Schwierigkeiten in die ehemalige Tschechoslowakei oder in die ehemalige DDR reisen kann seit der großen Veränderung in der Weltpolitik.
In Hadersdorf wird das Bahnhofsgebäude gerade frisch gefärbelt, braunrot, soviel zu sehen ist. Das Buffet-Hütterl, das seinerzeit Würstel und Wein verkauft hat, ist wie immer geschlossen. Es wäre auch gar keine Zeit, eine Erfrischung zu erstehen, denn der Anschlußzug ins Kamptal wartet schon: ein ganz moderner Triebwagen, ohne Waggons, ohne Schaffner. Allfällige Kartenwünsche erledigt der Triebwagenführer. Wer aussteigen will, muß einen Knopf drücken. Die Stationsdurchsagen macht der Triebwagenführer über Lautsprecher. Wo sind die Zeiten, als die Stationen noch laut und vernehmlich durch den Stationsvorstand ausgerufen wurden! O tempora, o mores . . .
Der Bahnhof von Plank prangt in neuem, frischem Türkisgrün. Und die David-Villa leuchtet in ungewohntem blauen Pastell. Auch die Reichel-Villa, die Villa Frank haben einen frischen Anstrich. Die altmodischen Häuser an der Hauptstraße, die einander so ähneln, ja, auch sie sind durch die Bank sauber geputzt. Die Maler der Gegend haben Hochbetrieb gehabt, so scheint es.
Gustav Erlingers Kunstmühle hingegen hinkt mit der Renovierung hinten nach, wirkt aber in ihrem verblichenen Gelb hochnobel und herrschaftlich wie eh und je.
Das Strandbad hat seine rot-weißen Streifen etwas auffrischen lassen. Der Kamp allerdings, so sagt man, ist zum Baden zu kalt. Das macht das Stauwerk an seinem Oberlauf. Dabei hatte er seinerzeit den Ruf, besonders warm zu sein. Und eisenhältig. Die braune Farbe hat er behalten.

Der Erlinger-Karli ist gestorben, hat man mir erzählt. Das Herrenhaus der Grießlermühle, zu der es mich hingezogen hat, das ganze große Gebäude steht exquisit herausgeputzt da, daß ich es fast nicht erkannt hätte. Das Dach ist zur Gänze frisch gedeckt, die Mauern, zweifärbig gestrichen, machen einen hochherrschaftlichen Eindruck. Das Tor ist versperrt, an der Gegensprechanlage steht ein mir fremder Name.

Ich könnte natürlich im Gasthaus Schiedlbauer, dann Seystock, jetzt Pfaller, nachfragen, gleich daneben. Aber es ist Mittagszeit, Sonntag, da ist sicher Hochbetrieb im einzigen Wirtshaus des Ortes, man sieht es an den vielen Autos vor der Tür.

Dort, wo man zum Kampacker hinunterging, ist jetzt ein neuer Ortsteil entstanden, wunderschöne Häuser im Bungalowstil, gepflegte Gärten, Zweitwohnungen der Wiener, Zeichen des Wohlstandes. Wie seinerzeit, noch in der Monarchie, als die Wiener begannen, sich hier anzukaufen und Häuser zu bauen.

An den Häusern ist zu erkennen: es geht uns gut. Die alten Villen, von den Vätern ererbt, sind renoviert, neue gebaut. Von Wien ist das Kamptal ja leicht zu erreichen, ein, zwei Stunden Fahrzeit mit dem Auto. Fürs Wochenende zahlt sich so ein Zweitwohnsitz schon aus. Und ein Urlaub auf den Seychellen oder in Mexiko ist auch noch drin.

Der neue Ortsteil heißt „Sandgrube“, wie ich mit leiser Rührung feststelle. Auf meine, auf unsere Sandgrube, wo wir Hoch- und Weitsprung trainiert haben, kann man hinuntersehen.

Auf dem Weg zur Bahn lese ich, daß eine der alten Villen zum Verkauf steht, in bestem Zustand freilich. Ein Immobilienbüro in Krems ist angegeben. Was sie kosten mag?

Ordnungsruf an mich selbst. Und ich sage mir ein Gedicht vor, das mir seinerzeit einmal eingefallen ist:

In meinem Alter baut man sich kein Haus,
in meinem Alter pflanzt man keinen Baum,
in meinem Alter zeugt man keinen Sohn.

In meinen nunmehr ziemlich reifen Jahren,
da will man nicht mehr aufbaun, nur bewahren,

und ist schon froh, daß man dazugehört,
daß niemand mehr darüber sich empört,
und daß uns nichts des Alltags Frieden stört.

Kurzbesuch in Petersbaumgarten

An Petersbaumgarten bin ich im Lauf der Jahre etliche Male vorbeigefahren; von der Autobahn, der „Wechselbundesstraße“, kann man den Aulechner, besser noch die Mühle erkennen, wo wir seinerzeit auf Sommerfrische waren.
Oft hatte ich Lust, nicht nur vorbei-, sondern auch hinzufahren. Wie damals, mit der Bahn, die man früher „Aspangbahn“ nannte. Und eines Tages tat ich es.
Jetzt fährt man vom Südbahnhof weg, vorbei an Pitten und Seebenstein mit ihren malerischen Burgen, an Gleißenfeld und Scheiblingkirchen mit den natürlichen Felsen und der künstlichen Ruine. Eine schöne, angenehme, geruhsame Bahnreise.
Die Schwierigkeiten fingen erst in Petersbaumgarten an, als ich versuchte, vom Bahnhof und Ortskern aus den Waldrand zu erreichen, wo sich damals, vor langer Zeit, unser Domizil befand.
Hinsehen konnte ich, aber nicht hingelangen.
Beim ersten Versuch geriet ich auf die autobahnartige Wechselbundesstraße, die zu meinem Glück, es war Mittagszeit, nicht allzu stark befahren war. Ich schritt tapfer dahin, ließ die Autos an mir vorbeiflitzen und rechnete mir aus, nach der großen Kurve müßte doch eine Abzweigung, ein Weglein hinunter und zu diesen beiden Höfen führen.
Nichts.
Ich mußte die ganze Strecke auf der Straße, die ja nicht für Fußgänger gemacht ist, am Rande balancierend, neben den vorbeirauschenden Autos zurücklegen. Ein gefährliches Unternehmen. Von der Sonnenhitze, kombiniert mit der Angst vor dem Niedergefahrenwerden bin ich ordentlich ins Schwitzen geraten.
Im Ort angelangt, versuchte ich den Weg nach der anderen Seite zu finden, vorbei an einer neuen, großspurigen

Siedlung, die sich als zur Autobahnmeisterei gehörend auswies. Dann kam eine Unterführung auf großen Betonsäulen unter besagter Autobahn, ein Maisfeld, und dahinter war endlich der Wald zu sehen. Jetzt nach links, auf einer schmalen Staubstraße – ja, das stattliche gelbe Gebäude, gelb auch in meiner Erinnerung, war die Aumühle, wo die Baar-Familie gewohnt hatte. Daß es eine Mühle war, konnte man freilich nicht mehr erkennen.
Frisch renoviert, das Haus, das Dach in tadellosem Zustand, Tor und Fenster dunkelgrün gestrichen, ein parkähnlicher Garten drum herum – ein herrschaftlicher Wohnsitz. Ja, die Müller waren reiche Leute und verstanden zu leben. Während ich um das Gebäude herumschlich, anscheinend recht verdächtig, kam aus dem Haus ein älteres Paar auf mich zu. Was oder wen ich denn suche.
„Meine Kindheit!" Es sollte scherzhaft klingen.
Wir kamen ins Gespräch. Die Mühle hatte öfter den Besitzer gewechselt, so wurde mir erzählt. Jetzt habe sie der Sohn gekauft, als Zweitwohnsitz. Man renoviere vieles selber, ein Faß ohne Boden freilich, so ein Besitz, aber er wolle eben etwas Altes. Es läßt sich verstehen. Schon jetzt, obwohl es noch viel zu renovieren gibt, steht das Haus breit und gut proportioniert in der Gegend.
Ich gratuliere zu dem schönen Besitz und verabschiede mich.
Man könne im Ort in dem Gasthaus ausgezeichnet essen, empfiehlt man mir noch.
Auch das hat sich also geändert seit den Tagen der alten Frau Eggel. „Kochen tan ma nix, büte, büte . . . a saure Wurscht, büte, büte . . ."
Der Besuch bei dem Bauern, wo wir, meine Familie und ich, gewohnt hatten, steht noch bevor, nicht weit von der Mühle muß es sein.

Wenn nicht „Aulechner“ auf dem Haus stünde, hätte ich es nicht wiedererkannt, so gewaltig ist es renoviert. Mit modernen Kippfenstern und was halt sonst so dazugehört. Nur ein paar Wirtschaftsgebäude erinnern noch an die bäuerliche Vergangenheit.

Die Wiese, auf der ich die Kühe hüten durfte, ist kleiner geworden, ein Teil ist der Autobahn zum Opfer gefallen. Bächlein gibt es längst keines mehr; seit die Mühle nicht mehr arbeitet, wurde der Mühlbach zugeschüttet.

Auf der schmalen, staubigen Straße wandere ich gegen Grimmenstein. Zu meiner Rechten steigt der Wald an, da geht es hinauf auf den Kulmriegel, zu meiner Linken führt die Autobahn. Zu denken, daß dieses Straßerl seinerzeit den ganzen Verkehr bewältigt hat!

Von der Waldeshöhe kommen ein paar Kinder, schleppen große Äste mit sich und sind laut und lustig.

Sommerfrischenkinder. Wie wir damals.

Der verwunschene Grünhof

Man sollte es eigentlich nicht tun: die Geister der Vergangenheit heraufbeschwören, nachforschen, was aus Menschen und Plätzen, die einem seinerzeit etwas bedeutet haben, geworden ist.
Aber je älter ich werde, desto reizvoller scheint es mir, Nachschau zu halten.
Freilich kommt oft Wehmut auf, Enttäuschung ist unausbleiblich, jedoch gibt es auch seltene Augenblicke des entzückten Wiedererkennens.
Mehr als sechzig Jahre war ich nicht in Maissau gewesen. Durchgefahren bin ich natürlich oft; die Straße über den Manhartsberg nach Horn führt ja über Maissau, die kannte ich wohl, breit, kurvenreich und stark befahren, das Schloß Maissau hatte ich oft von weitem bewundert und beim Durchfahren des Ortes die Reste der alten Poststation.
Aber den Grünhof, unsere Sommerfrische in den zwanziger Jahren, habe ich seither nie besucht. Ob er überhaupt noch stand? Nach so langer Zeit?
Der erste Versuch, sich ihm zu nähern, scheiterte kläglich. Ich fuhr mit dem Autobus; durch Maissau hindurch bis zur Anhöhe, wo heute ein Rasthaus steht und es rundherum von neuen Landhäusern nur so wimmelt, versuchte, meiner Erinnerung folgend, den Einstieg, besser gesagt den Abstieg in den Grünhof zu finden. Der mußte unterhalb der S-Kurve sein.
Ich balancierte also vorsichtig am Rand der breiten Straße und suchte, geriet immer weiter bergab, ein Auto nach dem anderen kam mir entgegen, viele schwere Lastautos keuchten bergauf, ich mußte mich ganz links halten, um nicht überfahren zu werden.
Es war Mittag, die Sonne in diesem überheißen Sommer brannte unbarmherzig auf mich herunter. Kein Schatten weit und breit. Aber auch kein Weglein, das in den ersehnten kühlen Grund führte.

Die Erinnerung ist eine unzuverlässige Mitarbeiterin, das war mir schon oft klargeworden.
Es blieb mir nichts anderes übrig, als unverrichteter Dinge auf der Straße bis in den Ort hinunter zu wandern, einem Hitzschlag nahe, denn nicht der kleinste abkürzende schattige Waldweg tat sich auf.
Im Gasthof Stöckelmeier, der jetzt Weixelbraun heißt, aber sonst unverändert scheint, konnte ich mich in der kühlen Gaststube mit Speis und Trank laben lassen, bevor ich resignierend die Rückreise nach Wien antrat.

Doch ganz so leicht wollte ich nicht aufgeben.
Nach ein paar Wochen machte ich eine zweiten Versuch. Zuerst riskierte ich einen Anruf im Gemeindeamt: ob es den Grünhof überhaupt noch gebe.
Ich hatte Glück, die Dame am Apparat war verständig, bejahte freudig und gab noch freiwillig die mir so wertvolle Zusatzinformation, der Weg hinunter zweige von der Straße nach Eggenburg ab. Der Grünhof hätte öfter den Besitzer gewechselt, die Steinberger gebe es nicht mehr, was nicht verwunderlich war. Ja, auch den Teich kannte sie, erst vergangenen Sonntag seien sie dort herumgestiegen. Wasser würde vermutlich keines drin sein nach dem heißen, trockenen Sommer.
Ich bedankte mich beglückt. Nun konnte ich meine Kindheitssommerfrische besser vorbereitet aufsuchen.
Der Sommer war vorbei. Einen strahlenden Herbsttag hätte ich mir für meine kleine Exkursion gewünscht. Es war aber trüb, und gelegentlich ging ein feiner Nieselregen nieder.
Melancholie lag über der Landschaft, eigentlich das richtige Wetter für eine Reise in die Vergangenheit.
Wieder stieg ich auf der Höhe des Manhartsberges aus

dem Bus und wanderte eine kurze Strecke bergab, folgte der Abzweigung nach Eggenburg, und, tatsächlich, hier führte ein unscheinbarer Weg, ohne Wegweiser, abwärts. Auf diesem Weg bin ich mit dem Trittroller hinuntergefahren, jetzt erinnere ich mich. Aufgeschlagene Knie, Verband, der auf der Wunde ekelhaft klebte . . .
Ein hölzernes Lattentor, grün gestrichen, versperrt den weiteren Zugang. Schon wieder nichts! steigt die Enttäuschung in mir auf. Aber das Tor läßt sich leicht öffnen, ich mache es hinter mir wieder sorgfältig zu und horche. Alles ist still. Niemand zu hören, niemand zu sehen, dem ich mein Eindringen erklären müßte. Nur der Regen macht ein leises Geräusch.
Und da steht das Haus. Heruntergekommen, aber intakt, Türen und Fenster fest verschlossen. Der Verputz bröckelt ab, eine hölzerne Veranda im ersten Stock würde auch einen Anstrich brauchen. Die verwitterte Inschrift auf der Hausmauer läßt sich mühsam als „Villa Grünhof" entziffern. Ein verwunschenes Haus, nur von den Geistern der Vergangenheit bewohnt.
Die kleine Rasenfläche vor dem Haus, ja, die wurde oft geknipst, eine Gartenbank liegt umgestürzt da. Vor einer solchen Bank hat mich der Vater photographiert, im Matrosenkleid mit weißer Masche im Haar, im Jahr 1928.
Der Felsen, mein Kletterfelsen, fast so gewaltig wie in meiner Erinnerung, was nicht verwunderlich ist, Felsen sind halt so. Zu gern wäre ich hinaufgeklettert. Aber er ist feucht vom Regen. Wenn ich ausrutsche, hinfalle, mir was breche – kein Mensch würde mich finden. Ich lasse die Kletterei und gehe den Weg zum Teich nach hinten. Entlang eines Bächleins (war das das Krebsenbächlein?) durch den Wald. Die Bäume sind wohl gewachsen in der langen Zeit. Wo sie sich lichten, ist der Teich zu sehen oder was von ihm übrig ist. Gänzlich ohne Wasser, von

Gras und Buschwerk der Boden überwuchert. Ausgetrocknet durch die lange Sommerhitze wohl. Reste einer Staumauer sind noch vorhanden. Der Teich diente also vermutlich als Stausee, von dem aus der Mühlbach hinunterfloß zum Grünhof, der einst eine Mühle gewesen war. Immer wieder tauchen Mühlen in meinem Leben auf und Müller und Bäcker in meinem Stammbaum . . .

Es nieselt immer noch.

Ich stapfe durch das feuchte Gras, genieße den Geruch, die Farben des Herbstes, die Stille.

Es fällt mir schwer, mich von diesem Zauberort loszureißen.

Mit nassen Schuhen tauche ich wieder auf in der Oberwelt, öffne und schließe das Holzgatter.

Alle sind sie dahin, die Freunde, die Verwandten, die mit mir da gewohnt haben.

Aber die Bank, die umgestürzt vor dem Haus liegt, ist noch dieselbe von damals. Anhand eines Photos, das ich gemacht habe, kann ich sie nachträglich mit dem Photo von 1928, das mein Vater gemacht hat, vergleichen und identifizieren.

Keine große Entdeckung, gewiß. Und doch hat sie mich tief bewegt.

Das Haus, der Felsen, die Bank haben die sechzig und mehr Jahre unversehrt überstanden.

Aber was ist aus dem kleinen Mädchen im Matrosenkleid mit der weißen Masche im Haar geworden?

Inhalt